Barbara Wonschik

Ein Leben in Fülle

Impressum

Die Deutsche Nationalbibliothek verzeichnet diese Publikation in der deutschen Nationalbibliographie; detaillierte bibliographische Daten sind im Internet über http://dnb.d-nb.de abrufbar.

Copyright © Barbara Wonschik, Frechen-Königsdorf, 2020

Fotos: Copyright © Dr. Hartmut Schlattmann

Titelfoto, Umschlaggestaltung und Satz: Dr. Hartmut Schlattmann

Lektorat und Korrektorat: Dr. Peter Wonschik

Herstellung und Verlag: BoD – Books on Demand, Norderstedt

ISBN 9783752629835

Meinen Kindern gewidmet

Prolog

Im Herbst 2018 erschien mein erstes Buch „Ein Paradies im dritten Stock", das von meinen persönlichen Erlebnissen zwischen den Jahren 1939, meinem Geburtsjahr, und 1956 handelt. Ich berichte darin vom Trauma des Zweiten Weltkrieges und von den Jahren des Aufbaus danach. Mein Buch endet mit der späten Rückkehr meines Vaters aus russischer Kriegsgefangenschaft. Zu diesem Zeitpunkt war ich sechzehn Jahre alt.

Auch in dem vorliegenden, meinem zweiten Buch „Ein Leben in Fülle" schreibe ich über mein Leben, diesmal vom Ende der fünfziger Jahre bis zur Gegenwart, dem Ausbruch der Corona-Pandemie in 2020. Ich erzähle von Alltäglichem und Besonderem, und ich möchte durch die Geschichten hindurch ein Bild meines Lebens als Ganzes erkennbar werden lassen. Manche Einzelheiten wiederholen sich in den Geschichten, weil jede in sich einigermaßen vollständig und verständlich sein sollte.

Ich danke meinem Gefährten Hartmut, meinem Sohn Peter und meinem langjährigen Freund Dieter Langel, die mir aufgrund ihrer Fähigkeiten und Kenntnisse wichtige Anregungen und Hilfen für mein Buch gegeben haben.

Königsdorf, im September 2020
Barbara Wonschik

Inhalt

Teil 3 – Neue Wege

Teil 4 – Die späten Jahre

Teil 1 – Pionierjahre

Die Entscheidung

Fröhlich und beschwingt fuhren Uscha und ich ganz spontan und unangemeldet mit der Straßenbahn zu unserer Freundin Erika, nachdem wir vorher viele Stunden lang unbeschwert einen Einkaufsbummel in Köln gemacht hatten. Wir wollten, wie so oft, in deren vertrautem Elternhaus bei Tee und Geplauder den Nachmittag beenden.

Aber es kam anders als erwartet. Das ahnten wir schon, als uns Ulla, die jüngere Schwester, mit bekümmertem Gesicht die Haustür öffnete und uns stumm den Weg nach oben wies. Dort fanden wir Erika völlig aufgelöst und tränenüberströmt in ihrem Zimmer. Sie stammelte auf unsere behutsamen Fragen, was denn geschehen sei, immer nur: „Ich weiß mir keinen Rat mehr, ich bin hin- und hergerissen, denn ich soll mich zwischen Peter und Jochen entscheiden!"

Uscha und ich fühlten uns in einen der kitschigen Jungmädchenromane versetzt. Wir hatten in den vergangenen Stunden bei unserem Stadtbummel allenfalls zwischen zwei Lippenstiftfarben wählen müssen und antworteten deshalb ein ums andere Mal: „Aber das ist doch viel zu früh, wir sind noch so jung, wollen bald das Abitur machen, dann studieren, und es werden uns noch viele junge Männer begegnen, ehe wir uns für einen entscheiden müssen!"

Ich kannte sowohl Peter als auch Jochen, denn sie gehörten zu dem gemeinsamen Freundeskreis von uns drei Mädchen. Wir hatten die beiden jungen Männer aber immer als neutral und nicht so ausschließlich auf Erika fixiert eingeschätzt. Daher kam der Gefühlsausbruch unserer Freundin für uns völlig überraschend, zumal wir immer ein sehr offenes Verhältnis zueinander hatten und wir uns, wie wir meinten, alles anvertrauten.

Aber hier war wohl etwas hinter unserem Rücken gediehen, von dem wir nichts wissen sollten! Da Erika in dieser Situation auch für keinen der gutgemeinten Ratschläge von uns Freundinnen aufgeschlossen war, verließen Uscha und ich ohne das geplante Teestündchen bald das Haus.

Erika entschied sich tatsächlich schon mit achtzehn Jahren für Jochen, den sie wenige Jahre später auch heiratete.

Ich hatte Erika mit sechzehn Jahren kennengelernt, als diese nach der mittleren Reife auf der Ursulinenschule 1956 in die Oberstufe meines Mädchengymnasiums wechselte. Wir waren sehr schnell unzertrennliche Freundinnen geworden, obwohl wir Parallelklassen besuchten und uns nur in den Pausen auf den Gängen treffen konnten.

Ein weiteres verbindendes Element war unser gemeinsamer, mehr als sechs Kilometer langer Schulweg, den wir im Sommer mit dem Fahrrad – begleitet von meinen beiden Brüdern, die zu ihrem benachbarten Jungengymnasium fuhren – und im Winter mit der Straßenbahn zurücklegen mussten. Manche Reifenpanne, Stürze mit Verletzungen oder Verspätungen hatten unsere Fahrgemeinschaft in drei Jahren zusammengeschweißt.

Wir Mädchen hatten eine tiefe innere Beziehung zueinander, fühlten ähnlich und mochten uns so sehr, dass unsere Freundschaft auf lebenslange Dauer angelegt zu sein schien. Der Gleichklang unserer Seelen war umso erstaunlicher, als wir unterschiedlichen Elternhäusern entstammten. Erika kam aus einer großbürgerlichen Familie, die eine geräumige Villa in bester Gegend Kölns bewohnte und deren Eltern viele gesellschaftliche Verpflichtungen hatten.

Da sie aber bescheiden erzogen wurde und ein unkompliziertes, heiteres Naturell besaß, hielt sie sich gern in meiner Familie auf, die in den fünfziger Jahren noch recht beengt in einer Mietwohnung lebte. Mein Vater war nämlich sehr spät, erst Ende 1955, aus russischer Kriegsgefangenschaft nach Hause zurückgekehrt, und der bescheidene Wohlstand unserer Familie begann erst dann, als die meisten Menschen in Deutschland schon einige Jahre das Wirtschaftswunder hatten genießen können. Erika mochte die lebhafte, gastfreundliche und herzliche Atmosphäre im Kreise meiner großen Familie, und sie genoss es sichtlich, wenn sie am Mittagstisch mit uns allen zusammen essen durfte.

Zudem bewunderte sie meine Mutter, die sich in den Kriegs- und Nachkriegsjahren das Nähen selbst beigebracht hatte und die es verstand, mir sehr geschickt aus preiswerten Stoffen die hübschesten Kleider zu nähen, um die mich alle meine Freundinnen immer beneideten. Erika, die in den besten Modehäusern der Stadt ausgestattet wurde, pflegte oft bewundernd zu sagen: „Du siehst in deinen selbstgenähten Kleidern besser aus als ich in meinen teuren Modellstücken!"

Noch während unserer Tanzstundenzeit durfte Erika einige Hausbälle im großen Wohnzimmer ihres Elternhauses arrangieren. Sie lud dazu neben dem gemeinsamen Freundinnenkreis auch einige junge Männer ein, die sie in der Studentenverbindung „Alsatia" ihres Vaters kennengelernt hatte. Nach ihrem 17. Geburtstag besuchte sie nämlich als sogenannte „Couleur-Dame" die Tanzveranstaltungen dieses Zirkels. Etwas später lud sie auch mich mit Einverständnis beider Eltern zu den Festen ein.

So erlebte ich dann eines Tages ein für mich aufregendes Ereignis, als ich mit einem neuen Kleid, Petticoat und Ballerinas an einem solchen Studentenfest teilnahm. Der Tanzpartner, der mir für diesen Abend zugeteilt worden war, interessierte mich allerdings gar nicht, sondern ich hatte nur Augen für einen großen, gutaussehenden Jurastudenten namens Peter, der einige Jahre älter war als ich und der mich mit seinem jungenhaften, offenen und fröhlichen Gesicht verzauberte.

Leider bemerkte er mich an diesem Abend nicht, und so musste ich ihn aus der Entfernung anhimmeln. Ich litt allerdings auch nicht besonders unter diesem Zustand, weil ich es als Siebzehnjährige genoss, von vielen jungen Männern umschwärmt zu werden und mich häufig in einen anderen zu verlieben.

Aber irgendwie war ich mir damals in meinem Inneren sicher, dass sich Peter eines Tages für mich interessieren würde. Diese Gelassenheit verlieh mir eine abwartende Ruhe, die sich allerdings eines Tages stürmisch auflöste, als ich eine Ansichtskarte von der Mosel mit dem Text eines bekannten Trinkliedes bekam: „In jedem vollen Glase Wein seh' unten auf dem Grund / ich deine blauen Äugelein / und deinen süßen Mund." Unterschrieben waren die Zeilen von Erika und Peter, die im Rahmen des Stiftungsfestes der Studentenverbindung mit einer Gruppe von Kommilitonen einen Tagesausflug unternommen hatten. Peter hatte also meine beste Freundin statt meiner zum Ort des Festes eingeladen!

Zunächst war ich sehr enttäuscht und traurig, maß aber dem Vorfall bald keine große Bedeutung mehr bei, zumal der Text der Karte mich noch hoffen ließ. Als sich Erika dann, wie oben erwähnt, für Jochen entschieden hatte und die Fronten geklärt waren, verabredeten sich Erika und ich, mit unserem fröhlichen Freundeskreis gemeinsam den Rosenmontagszug in Köln anzuschauen.

An diesem Tage, am 9. Februar 1959, begann die große Liebe zwischen Peter und mir. Wir feierten selig und völlig losgelöst von der Wirklichkeit, denn ich stand mitten im Abitur und Peter kurz vor Abschluss seiner Sechswochenarbeit zum juristischen Referendar.

Nachdem beide Examina erfolgreich bestanden waren, heirateten wir kurz nach meinem 22. Geburtstag. Aus der Fülle der Hochzeitsgeschenke möchte ich den gelben Rosenstrauß erwähnen, den wir von Erika geschenkt bekamen.

„Oh, gelbe Rosen von Erika!", bemerkte mein Vater, der die Vorgeschichte kannte, vielsagend. Er führte den Gedanken noch weiter aus: „Gelb ist doch die Farbe des Neides!" Und an mich gewandt fragte er:

„Ob Erika wohl neidisch auf dich ist?"

„Aber sie hatte sich doch aus freiem Willen gegen Peter und für Jochen entschieden!", entgegnete ich.

Ich ließ das Problem, das mein Vater sah, nicht an mich herankommen, denn ich hatte meinen Traummann gefunden, und das Leben war schön.

Fotos, Fotos

Meine Hochzeit war am 26. Dezember 1961. Für die Feierlichkeiten brauchten wir noch einen Fotografen, der den festlichen Tag in allen Details ablichten sollte. Mein jüngerer Bruder Manfred, damals knapp siebzehn Jahre alt, war ein begeisterter und begabter Hobbyfotograf. So fiel unsere Wahl leichten Herzens auf ihn.

Da man damals noch jedes Foto mit Bedacht knipste, kaufte er drei Filme zu je 36 Bildern. Das musste für die Hochzeit genügen, denn eine Bilderflut wie heute zu allen wichtigen und unwichtigen Anlässen gab es noch nicht.

Vor mir liegt das Album mit den von meinem Mann eingeklebten Bildern dieses festlichen Tages. Die Fotos des ersten Filmes von der Trauung in der Maria-Ablass-Kapelle am Börsenplatz in Köln sind gut gelungen. Wir sehen Pater Klaus Schnehle, einen Bundesbruder von Peter, und meine beiden Vettern Hansel und Tristan als Ministranten bei der Trauungszeremonie. Es gibt sehr anrührende Porträts des Brautpaars, Momentaufnahmen der weinenden Mütter sowie Fotos von Verwandten, die zum Teil längst schon gestorben sind. Alle Aufnahmen sind schwarz-weiß, scharf und sehr detailreich.

Das setzt sich auch mit dem zweiten Film positiv fort. Hier können wir ausführlich die Hochzeitsfeierlichkeiten anschauen, zunächst den Einzug des Brautpaares und der Gäste in das Restaurant „Schultheiß am Ring". Dieses bot im ersten Stock Platz für einen Sektempfang und in einem angrenzenden kleinen Saal eine große, festlich geschmückte Tafel, an der sich die gesamte Gesellschaft zum Hochzeitsmahl niederließ.

Die Aufnahmen von Manfred waren gekonnt eingefangen und eindrucksvoll in Szene gesetzt.

Beim Weiterblättern im Album stutzt allerdings der Betrachter, denn jetzt folgen Fotos von ganz anderer Qualität. Das kann doch nicht die Arbeit desselben Fotografen an demselben Tag sein!

Was ist des Rätsels Lösung? Der dritte Film war von meinem Bruder zwar in den Fotoapparat eingelegt worden, aber dieser hatte nicht transportiert, so dass die 36 Bilder gar nicht zustande kommen konnten.

Welcher Schock, insbesondere für die Brautmütter! Es gab kein einziges geeignetes Foto des Brautpaares und auch keins mit der jeweiligen Familie, das man in einen Rahmen hätte stecken können.

Jetzt war guter Rat teuer, denn die Hochzeit war vorbei, die Flitterwochen lagen längst zurück, und nach dem eiskalten Winter waren wir schon im Frühling 1962 angelangt.

Da unterbreitete uns eines Tages meine Schwiegermutter folgenden Plan: Wir wollen die Hochzeitsbilder nachholen! Also vereinbarten wir einen gemeinsamen Fototermin in der Wohnung meiner Eltern in Köln, wohin die Schwiegereltern mit meinem Schwager aus Wassenberg anreisten und mein Mann und ich uns dazugesellten.

Es war eine illustre Gesellschaft von neun Personen, die sich alle in den Hochzeitsstaat von vor drei Monaten geworfen hatten! Da ein Brautstrauß aus frischen Maiglöckchen zu teuer war, besorgte ich einen unechten aus entsprechenden Plastikblumen, der aber dem wirklichen täuschend ähnlich sah. Das Wohnzimmer der Eltern wurde umgeräumt, um genügend Platz zum Arrangieren der Personen für die gewünschten Fotos zu gewinnen. Wir waren also für dieses Abenteuer gerüstet.

Gott sei Dank nahmen die meisten von uns dieses Treffen nicht bierernst. Vor allem die Väter witzelten über diese kuriose Situation, die sich zuspitzte, als es an der Wohnungstür klingelte. Wir alle mussten uns mucksmäuschenstill verhalten, um unsere Anwesenheit nicht zu verraten.

Die Regisseurin dieser Szene war meine Schwiegermutter, die die neun Personen jeweils zu Gruppen, teils sitzend, teils stehend, zusammenstellte.

Sicher war ihre Idee wunderbar, denn so hatten wir wenigstens Erinnerungsfotos an unsere unvergessliche Hochzeit. Wenn ich aber diese Fotos heute anschaue, schaudert es mich. Alle Menschen darauf haben starre, fast maskenhaft wirkende Gesichter; sie sehen aus wie Marionetten, die irgendwo hingestellt wurden. Die Freude und die Emotionalität des Hochzeitstages sind verschwunden, und das Berauschende dieses einmaligen Festes ist nirgendwo zu spüren, ebenso wenig wie das Glück in den Augen des Brautpaares.

Eine Kuriosität

Am 21. Dezember 1961 wurde ich durch Heirat ein Mitglied der Familie Wonschik, in der es eine Namenskuriosität gibt: Alle wichtigen männlichen Vorfahren des 19. und 20. Jahrhunderts hießen Peter oder Paul.

Mein Schwiegervater, geboren 1898, war Paul Wonschik, und dessen Vater, geboren 1866, erhielt den Namen Peter. Sein Großvater wiederum, geboren 1832, wurde Paul gerufen.

Als mein Schwiegervater 1931 Maria Rupp heiratete, trat mit deren Vater Peter Rupp ein Vornamensvetter in die Familie Wonschik. Paul und Maria wiederum bekamen zwei Söhne, Peter Paul, geboren 1935, mein späterer Mann, und Paul Peter, geboren 1939.

1963 erwartete ich mein erstes Kind, und wir freuten uns gleichermaßen auf ein Mädchen oder einen Jungen. Nicht so meine Schwiegermutter! Sie verrannte sich regelrecht in den Gedanken, dass ein Stammhalter zur Welt kommen musste.

Wir als junge Eltern dagegen überlegten uns Namen für unser ungeborenes Baby. Wir erwogen weibliche Vornamen, die dem Zeitgeschmack der sechziger Jahre entsprachen, aber auch männliche, die uns gut gefielen.

Wie naiv waren wir, uns eigene Jungennamen zu überlegen! Als nämlich unser Sohn Anfang 1964 zur Welt kam, hatten wir mit unseren Namensvorschlägen gar keine Chance, denn er musste unbedingt Peter Paul heißen. Ich konnte es gerade noch erreichen, wenigstens den Vornamen meines Vaters, Hubert, anzufügen.

Da ich den Namen Peter aber sehr klangvoll und für mich durchaus vertretbar fand, protestierte ich damals nicht gegen das Diktat meiner Schwiegereltern, sondern freute mich, dass mein Sohn die Reihe seiner Vorfahren mit seinem Namen fortsetzen konnte.

Bei den Vornamen meiner beiden Töchter hatten wir keinen weiteren Stress. Sie wurden auf die Namen getauft, die mein Mann und ich nach vielfältiger Überlegung für sie ausgesucht hatten.

Nun freue ich mich über sieben Enkelinnen in der jüngsten Generation! Alle haben von ihren Eltern wunderschöne Vornamen erhalten, und Peter und Paul kommen verständlicherweise nicht mehr vor.

Die eigenwillige Namensgebung der männlichen Mitglieder in der Familie Wonschik, bei der nur Peter und Paul möglich waren, gehört nun der Vergangenheit an. Beim Aufschreiben habe ich sie noch einmal durchlebt und mich daran ergötzt.

Zum Schluss dieser Geschichte noch eine kleine Anekdote, in der dem Namen Peter sogar eine negative Qualität zugeschrieben wird:

Vor meiner Hochzeit stellte ich meinen späteren Mann der Brieger Oma vor, die bei meinen Eltern in Köln zu Besuch war. Nach seinem Namen gefragt, antwortete ich: „Er heißt Peter." Von einem Moment auf den anderen wurde meine Großmutter blass und schaute ihn lange an. Dann löste sie das Rätsel ihres Schweigens: „In unserer Familie gab es vor vielen Jahren einmal einen Peter. Dieser war ein übler Mensch gewesen, ein Spitzbube, der allerlei böse Dinge getan hat. Schließlich ist er nach Südamerika ausgewandert, und zum Glück haben wir ihn nie wiedergesehen."

Allmählich schaute sie immer freundlicher zu meinem Verlobten und mir: „Du kannst deinen Peter getrost heiraten, er ist ein guter Mann, das spüre ich. Ihr passt zusammen, und ihr seht euch sogar ähnlich."

Unser neues Heim

„Jetzt wird es aber Zeit, dass ihr euch nach einem Häuschen im Grünen umschaut!", sagte mein Schwiegervater, als wir ihm im Sommer 1964 von meiner zweiten Schwangerschaft erzählten.

Wir wohnten damals in einer komfortablen Neubauwohnung im Norden Kölns unweit der Rennbahn, die wir durch Beziehungen bekommen hatten, weil 1961 kriegsbedingt immer noch Wohnungsnot herrschte. Diese Wohnung war aber nur etwa 60 Quadratmeter klein, hatte zwei Zimmer mit Küche und Bad und lag im dritten Stock.

Unser Sohn, der Anfang 1964 geboren wurde, verbrachte sein erstes Lebensjahr tagsüber mehr oder weniger auf dem überdachten Balkon. Ein zweites Kind wollten wir hier nicht auch noch unterbringen.

Also begann die Suche nach einem geeigneten neuen Heim. Damals wurden im Kölner Umland an verschiedenen Stellen Siedlungshäuser für junge Familien gebaut. Diese waren nicht übermäßig, aber ausreichend geräumig und hatten für heutige Verhältnisse einen recht großen Garten.

Wir wählten nach tausend Überlegungen eine Bauparzelle in dem Dorf Kleinkönigsdorf, das damals noch zum Landkreis Köln gehörte. Von unserem künftigen Wohnhaus war nur die Baugrube schon vorhanden, die Aufteilung der Räume mussten wir dem Architektenplan entnehmen. Die Verantwortung lag bei einer Wohnungsbaugesellschaft.

Mein Mann und ich gingen sehr blauäugig an dieses Unterfangen heran, und im Nachhinein bin ich froh, dass mein Schwiegervater uns mit seinem Sachverstand beriet. Die Eltern meines Mannes waren es auch, die es uns finanziell ermöglichten, in so jungen Jahren schon ein Eigenheim zu kaufen.

Für uns war unser künftiges Haus im Bau wie ein großes Überraschungsei. Jedes Mal, wenn wir zur Besichtigung aufs Land fuhren, waren wir freudig berührt von den Fortschritten. Wir fanden es spannend, unser Haus entstehen zu sehen, staunten nur mit großen Augen und ließen alles geschehen. Wenn wir uns auch nur ein wenig wie Bauherren benommen hätten, wäre es uns in diesem frühen Stadium ein Leichtes gewesen, die Baupläne etwas abzuändern oder zum Beispiel den Keller um zwei Steine aufmauern zu lassen. So aber hatten die Räume im Souterrain nur eine Höhe von zwei Metern, in denen mein Mann soeben stehen konnte.

Inzwischen war Anfang 1965 unsere erste Tochter geboren worden, und wir wohnten nun mit zwei Babys in unserer kleinen Wohnung im Kölner Norden. Der Alltag gestaltete sich sehr mühsam, nur der wohnliche Balkon tröstete uns über die räumliche Enge hinweg. Über die vielen Stufen bis in den dritten Stock und wieder herunter mussten wir ein gutgenährtes Kleinkind, ein Baby und zwei Kinderwagen schleppen.

Das sollte bald ein Ende haben, denn im Juni 1965 war der Umzug in unser neues Haus geplant. Meine Eltern übernahmen an diesem Tag unsere beiden Kinder, so dass wir mit Hilfe meines Schwagers und meines jüngsten Bruders die Übersiedlung von Köln nach Kleinkönigsdorf wagen konnten.

Es begann schon damit, dass der Fahrer des Möbelwagens sich weigerte, bis vor unser Haus zu fahren. Die Wildstraße war damals noch unbefestigt und hatte eine lehmige, rutschige Oberfläche, in der das beladene Auto hätte steckenbleiben können.

Dank meiner Überredungskünste und der Aussicht auf ein gutes Trinkgeld bewegte sich das Fahrzeug vorsichtig Schritt für Schritt vorwärts und kam endlich in Höhe unseres Hauses zum Stehen. Jetzt musste nur noch die lange, schlammige Einfahrt trittfest gemacht werden, um die Möbel gefahrlos ins Haus zu tragen. Die Männer legten Bretter zusammen und gestalteten so einen provisorischen Weg dorthin.

Am Abend war tatsächlich alles geschafft, die Möbel waren im Haus auf die entsprechenden Zimmer verteilt worden, die Helfer waren müde, und wir, die jungen Eigentümer, blickten stolz auf unser Eigenheim.

Anschließend mussten wir noch einmal nach Köln zurückfahren, und wir luden Bruder und Schwager, zum Dank für ihre Hilfe, zum Essen ein. Erst dann holten wir unsere Baby-Tochter bei den Eltern ab, während wir den großen Bruder noch in der Obhut der Großeltern ließen.

Inzwischen hatte es heftig zu regnen begonnen. Der Niederschlag hörte auch nicht auf, als sich unser VW Käfer über die verschlammte Straße bis zu unserem Haus durchkämpfte.

Was sollten wir machen? Das Baby weinte und wollte gefüttert werden. Also fasste ich mir kurz entschlossen ein Herz, nahm die Kleine fest in den Arm und versuchte todesmutig, auf dem Bretterweg ins Haus zu gelangen. Schon nach wenigen Schritten rutschte ich jedoch ab und versank mit dem Kind auf dem Arm im Morast. Mein erschrockener Mann kam uns zu Hilfe und rettete uns ins Haus.

Ermattet von einem anstrengenden Tag schliefen Eltern und Baby selig die erste Nacht im neuen Heim.

Diese war jedoch schon um sechs Uhr morgens zu Ende, als unter unserem Balkon, der ans Schlafzimmer angebaut ist, jemand laut um Hilfe rief. Es war ein Nachbar, der verzweifelt jammerte, weil in seinen Keller Wasser gelaufen war. Schnell zog mein Mann sich an, und mit einem zweiten, hilfsbereiten Nachbarn schöpften sie eimerweise das lehmig-gelbe Wasser aus dem Nachbarkeller und brachten es nach oben.

So ging das den ganzen Sommer 1965. Fast jeden Tag gab es heftige Gewitter mit Starkregen. In den neu bebauten Grundstücken konnte durch die Verdichtung der Erdschichten das viele Wasser nicht versickern, und floss deshalb in die Keller der Nachbarn und auch unseres Hauses. Jeden Tag gab es Überflutungen der Kellerräume, Hilferufe und gemeinsamen Einsatz aller Männer in den verschiedenen Häusern. Wir fühlten uns wie Pioniere, die ein unwegsames Gelände bewohnbar machen und mit den Kräften der Natur kämpfen mussten.

Mein Mann entwickelte in diesen Wochen einen regelrechten Wasserkomplex, der sich dahingehend äußerte, dass er bei jedem geringsten Regen in den Keller lief und diesen auf eingedrungenes Wasser prüfte. Das konnte so nicht weitergehen, und so entschlossen wir uns, die Kellerwände der Süd- und Westseite des Hauses nochmal aufgraben und fachmännisch isolieren zu lassen.

Das geschah zeitnah im August. Als der Bitumenanstrich auf die frei liegenden Kellerwände aufgetragen und getrocknet war, konnten die Gräben zugeschüttet und unser ganzes Grundstück planiert werden. Das war für uns schon eine positive Überraschung, die Ausmaße des Gartens real zu sehen.

In diesem Urzustand unseres Gartens ohne Begrünung und ohne Zaun verbrachten wir den ersten Sommer in Kleinkönigsdorf. Hier gab es zwischen dem vielen Regen auch herrliche Sonnentage, an denen wir uns unseres Lebens freuten.

Wir lernten nach und nach die neuen Nachbarn kennen, die ebenfalls mit ihren Kindern aufs Land gezogen waren. Es war sehr gemeinschaftsfördernd, wenn sich nachmittags die Frauen der Siedlung mit ihren Sprösslingen mal in dieser Einfahrt, mal in jenem Gartenstück trafen und ein gemütliches Plauderstündchen abhielten. Wie selbstverständlich sorgte dann jemand für Kaffee und Kuchen und beaufsichtigte die meist kleinen Kinder.

Das war eine gute Zeit, an die ich mich heute noch gern erinnere. Wir alle waren eine verschworene Gemeinschaft, die Pioniere der Wildstraße, die hier zufällig zusammengewürfelt worden war. Irgendjemand hatte immer eine Idee zur Verbesserung des Umfeldes oder packte mit an, wenn ein Helfer gebraucht wurde. Die intakte Nachbarschaft war ein wichtiges Merkmal der ersten Zeit in unserem neuen Heim.

Leben auf dem Lande

Und doch fühlte ich mich nicht wohl in dieser ländlichen Umgebung. Nach dem Krieg hatte ich schon einmal unter ungünstigen Bedingungen eingeschränkt wohnen müssen, dann aber das Stadtleben mit den von Jahr zu Jahr fortschreitenden Annehmlichkeiten und großzügigen Erneuerungen nach der Zerstörung genossen. Ich schätzte die fußläufig zu erreichenden Einkaufsmöglichkeiten einer Großstadt, aber auch das vielfältige Kulturangebot.

In dem Ort dagegen, den wir für unser neues Heim ausgewählt hatten, gab es Mitte der sechziger Jahre so gut wie keine Infrastruktur. Wir mussten anderthalb Jahre auf einen Telefonanschluss warten, was mich an den Rand des Erträglichen brachte, weil sowohl in meinem Elternhaus als auch in unserer ersten Wohnung im Norden Kölns ein Fernsprecher selbstverständlich war. Hier gab es eine einzige Telefonzelle mit Münzen gegenüber der Gaststätte „Zum Telefönchen", die etwa zwanzig Minuten entfernt lag.

Damals hing ich noch sehr an meinen Eltern und wollte ihnen, am liebsten täglich, von unserem neuen Leben hier draußen berichten. Ich brauchte den Kontakt zu ihnen und war deshalb oft traurig und entmutigt, wenn ich sie längere Zeit nicht sprechen konnte.

Wir hatten nur ein Auto, und ich musste hier im Dorf alles zu Fuß, meist mit den Kindern, erwandern. Der Bahnhof war eine halbe Stunde entfernt, der einzige Kindergarten noch ein Stück weiter, und einen Bus gab es noch nicht. Da das Einkaufsangebot in Kleinkönigsdorf sehr eingeschränkt war, brauchten wir dafür das Auto, ebenso wie zu Arztbesuchen oder Ähnlichem. Wir erledigten das Wichtigste am späten Nachmittag oder am Samstag, wenn mein Mann zu Hause war und helfen konnte.

Unser Dorfmetzger Paar, der noch heute unter seinem Namen existiert, hatte damals an derselben Stelle einen kleineren Laden. Als ich den das erste Mal betrat, war ich entsetzt, denn die Auslage bestand weitgehend aus Seiten von fettem und durchwachsenem Speck, dazu Hausmacher Leber- und Blutwurst. Ich mochte das alles nicht für meine Familie kaufen, hatte ich mich doch in Köln mit moderner, gesunder Ernährung befasst. Heute ist die Metzgerei Paar ein weit über den Ort hinaus bekanntes Fachgeschäft, das hervorragendes Fleisch und zum Teil selbstverarbeitete Wurst anbietet. Herrschte schon in den vergangenen Jahren dort zum Wochenende oder vor Festtagen großer Andrang, so konnte ich jetzt, während der Corona- Krise, täglich eine lange Schlange von geduldig mit Abstand wartenden Menschen sehen, die beim Fleisch auf Qualität achten.

Eine Besonderheit in den sechziger Jahren war Herr Kranz, der ein kleines Lebensmittelgeschäft im Dorf betrieb. Sein Vater war noch bis vor wenigen Jahren mit Pferd und Kutschwagen durch die Straßen Kleinkönigsdorfs gefahren und hatte die Menschen täglich mit frischer Milch versorgt, die er mit einem stählernen Messbecher aus der großen Kanne in die mitgebrachten Gefäße schöpfte.

Sein Sohn übernahm dann in unserer Zeit das Milchgeschäft. Am Samstag hielt er mit seinem Lieferwagen an verschiedenen Stellen der Wildstraße und verkaufte Joghurt, Eier, Butter und Käse. Er zeigte so viel Vertrauen in die Ehrlichkeit seiner Kunden, dass er nur einmal im Monat den ganzen Betrag kassieren wollte, den die Hausfrauen gewissenhaft aufgeschrieben hatten.

Zum Milchholen mit der alten Blechkanne aus meinem oberschlesischen Heimatdorf Kerpen ging ich jeden Abend zum Bauern Poulheim in den alten Teil von Kleinkönigsdorf. Es war für mich jedes Mal ein Happening, wenn ich mit den Kindern den leichten Anstieg durch die Greinstraße schaffte und den Hof durch ein großes grünes Tor betrat. Denn dort saß immer die alte Bäuerin mit ihrer Enkelin auf dem Schoß, die später eine Klassenkameradin meiner älteren Tochter wurde, und wollte mit mir ein Schwätzchen halten. Für mich war es eine große Freude und fast schon ein Erlebnis, in diesem ländlichen Umfeld viel von den Menschen des Dorfes heute und gestern zu erfahren.

Die letzte Versorgungslücke schloss unser Bäcker Mohr, der seinen Betrieb mit der Backstube auf der Aachener Straße hatte. Er formte die Brötchen noch von Hand und backte schmackhaftes Brot und Kuchen. Er hatte auch das Monopol für das Martinsbrot, einen süßen Wecken, der am 11. November nach dem Martinszug an die Schulkinder verteilt wurde. All seine Backsachen verkaufte Herr Mohr samstags aus seinem alten grauen Kombi heraus, der im ganzen Dorf seine Haltestellen hatte. Wie er mir einmal erzählte, brauchte er diesen zusätzlichen Verkauf zu seinem Auskommen.

Heute steht das Haus des Dorfbäckers mit seiner Backstube leer, denn die Eigentümer sind tot. Sie müssen nicht mehr miterleben, wie in den Supermärkten an sechs Verkaufsstellen in Königsdorf verschiedene Backwaren aus den Fabriken angeboten werden. Auch die Tradition des Martinsbrotes ist mit dem Bäcker Mohr gestorben.

In meinem eintönigen Alltag, in dem die Tage ereignislos dahinflogen, war der Besuch meiner Eltern jedes Mal eine große Freude für mich. Sie kamen die ersten Jahre sehr oft zu uns und brachten mir ein Stück meiner alten Heimat Köln in meine veränderte Wohnsituation.

Sie hatten uns zu dem Bau unseres Hauses zwar kein Geld geben können, aber sie machten das durch ihre tätige Hilfe und liebevolle Fürsorge hundertmal gut. Meine Mutter nähte in der ersten, finanziell schwierigen Zeit alle Kleidung für meine Kinder und für mich. Sie fertigte die Vorhänge im Haus aus aparten skandinavischen Stoffen an, und sie nahm jedes Mal einen Korb voller Flicksachen mit nach Hause, den sie bei ihrem nächsten Besuch heil und sorgfältig gebügelt wieder zurückbrachte.

Mein Vater kümmerte sich immer gern um meinen Sohn, seinen ersten Enkel. Sobald dieser gehen konnte, unternahm er mit ihm von unserem Haus aus „Schweigemärsche" bis zum Waldrand. Das Laufen gefiel dem Kleinen viel besser als das Sprechen, er war ein Bewegungsmensch wie sein Großvater.

Schließlich lebte ich mich immer besser in unserem Haus und Wohnort ein. Ich hatte doch, zusammen mit meinem Mann, aus eigenem Antrieb den Auszug aus der Stadt gewollt! Dafür wurde ich vielfach entschädigt. Die Kinder hatten eine Menge Freiraum in Haus und Garten, und auch wir Eltern genossen zunehmend die Annehmlichkeiten des Landlebens.

In einer neuen Phase meines Lebens, die mir viel Bewegungsraum zurückgab, brachte ich meinen Mann morgens mit dem Auto zum Bahnhof nach Großkönigsdorf und holte ihn nachmittags dort wieder ab. Er fuhr dann bis Köln Hauptbahnhof und ging nur ein paar Minuten zu Fuß bis zu seiner Dienststelle am Appellhofplatz. Ich aber hatte dann den ganzen Tag das Auto zur Verfügung, was mir mein tägliches Leben sehr erleichterte.

Ein weiterer Schritt führte uns sogar bis an den Rand des Luxus. In der Nachbarschaft gewannen wir ein angenehmes junges Mädchen als Babysitterin für unsere Kinder, so dass wir uns wieder abends mit Freunden treffen und in Köln ausgehen und feiern konnten. Durch die ältere Schwester von Barbara kam ich sogar für kurze Zeit in den Genuss eines halben Tages für mich. Sie beaufsichtigte und versorgte an einem Nachmittag unsere beiden älteren Kinder – das jüngste war noch nicht geboren –, während ich mich schick anzog und nach Köln fuhr. Zu dieser Gelegenheit trug ich damals gern ein weißes Hütchen zu einem engen hellblauen Kleid. In Köln traf ich mich dann glücklich und unbeschwert mit meinem Mann zu einem Einkaufsbummel oder zu einem Café- und

Restaurantbesuch.

Da auch unsere Freunde aus der Stadt nach und nach Häuser im ländlichen Umland von Köln für sich und ihre Familien kauften, fühlten wir uns in unserem Tun bestätigt. Wir alle waren uns einig, dass es nichts Schöneres gab, als das Leben im Grünen zu genießen.

Doch zurück zu unserem neuen Heim. Wir zogen von einer Zweizimmerwohnung in ein zwar nicht übermäßig großes, aber immerhin doch in ein Einfamilienhaus. Die vorhandene Möblierung verteilten wir auf das Wohn- und das Schlafzimmer, die dort einigermaßen ausreichend war. Unser zwei mal drei Meter großer roter Wollteppich sah allerdings in dem „riesigen" Wohnraum sehr verloren aus.

Im Kaufpreis des Hauses inbegriffen war eine Einbauküche der Marke Poggenpohl. Ohne Reklame für diese Firma machen zu wollen, möchte ich sagen, dass die Schränke nach 55 Jahren noch voll funktionstüchtig sind und ich nur die Elektrogeräte mit den Jahren auswechseln musste. Auch die flaschengrüne Farbe der Fronten im Kontrast zu weißen Arbeitsflächen und Kacheln gefällt mir heute noch genauso gut wie damals, und ich habe nicht, wie fast alle meine Freundinnen, den Wunsch, mir eine neue moderne Küche anzuschaffen.

Die beiden im ersten Stock gelegenen Kinderzimmer hatten jeweils nur eine Schlafgelegenheit. Unser Sohn schlief noch in seinem kleinen Paidibett, das wir aus unserer Kölner Wohnung mitgenommen hatten und das uns mit seinen Rädern zum Verschieben damals gute Dienste geleistet hatte.

Ein Möbelstück von für mich heute unschätzbarem Wert war in dem anderen Zimmer das sogenannte „Moseskörbchen". Es war von meiner Mutter zur Geburt meines Sohnes, das heißt ihres ersten Enkelkindes, geschenkt und wunderhübsch mit selbstgenähten Bezügen, Rüschen, Spitzen und Kissen ausgestattet worden. In diesem Stubenwagen sind im Laufe der Jahre alle Babys der weitläufigen Familie großgeworden. Damals schlief unsere kleine Tochter darin, und ich hoffe sehr, dass eines Tages meine Urenkel noch ihren Platz darin finden werden.

Ansonsten waren die Kinderzimmer leer. Dabei kommen mir die Gedanken an meine Ursprungsfamilie, die vor siebzig Jahren, kurz nach dem Krieg, in eine größere Wohnung im Kölner Süden gezogen war, in der es damals auch keine ausreichende Möblierung gegeben hatte. Im Wohnzimmer sah es sehr ärmlich aus. Ich erinnere mich an ein Blumengestell aus Sperrholz, auf dem fünf Grünpflanzen Platz fanden und das von meiner Mutter immer scherzhaft als „Fünfzimmereinrichtung" bezeichnet wurde. Es war zunächst alles, was in diesem relativ großen

Raum stand.

Meine Mutter hatte trotz aller Armut immer viele Ideen, um uns eine behagliche Atmosphäre zu schaffen. Deshalb nahm ich mir ein Beispiel an ihr und bearbeitete alte Möbel, die wir bei Verwandten im Speicher oder Keller fanden, und richtete sie hübsch her. Ich hatte damals meine „rote Phase" und verbrauchte viele Dosen roter Farbe, mit der ich verschiedene Dinge anstrich.

So bekam das neue alte große Bett für unseren Sohn eine rote Oberfläche. Rote Stühle, Tische und Regale standen bald in den Kinderzimmern, und meine Mutter nähte bunte Kissen und Vorhänge, so dass alles zusammen ein lustiges Aussehen hatte. Da wir in den ersten Jahren durch den Hausbau finanziell ziemlich beengt waren, kam uns diese Ersparnis sehr gelegen.

Als wir im Spätsommer1965 die Einweihungsparty für Familie und Freunde feierten, freuten sich alle über die vielen roten Utensilien, die ich überall aufgestellt hatte. Ich hatte alte Körbe, Hocker und Blumentöpfe angestrichen und sie mit bunten Pflanzen zu beachtenswerten Arrangements gestaltet.

Parallel zur Möblierung unseres neuen Heimes verlief die Bepflanzung des Gartens. Vom zuständigen Förster, Herrn Wolter, bekamen wir einen Erlaubnisschein, für wenig Geld im Wald kleine Bäume und Sträucher auszugraben. So pflanzten wir mit der Hilfe von netten Menschen unter anderem Birken und Fichten und begrenzten das Grundstück mit einer Buchenhecke.

In der Mitte des vorderen Gartens wollte ich gern einen Mirabellenbaum haben. Der trug all die Jahre die gelben süßen Früchte, die ich besonders geliebt habe, die aber auch die Wespen anlockten, die unter dem Baum zur Gefahr für die Kinder wurden. Nach 35 Jahren, kurz nach dem Tod meines Mannes, musste ich den Obstbaum fällen lassen. Sein Geäst war morsch geworden und wurde ebenfalls zur Gefahr, dieses Mal für meine Enkelkinder. Sie hatten ihn bei ihren Besuchen immer gern und mit großer Freude als Kletterbaum benutzt. Es gibt ein schönes Foto von meinen sieben Enkelinnen und mir hoch oben in den Zweigen, am Stamm stehend und auf meinem Arm.

Die erste Bepflanzung des Gartens musste bald erneuert werden, da Birken und Waldfichten für einen kleinen Garten nicht taugten. Heute schaue ich mit Behagen auf meinen gepflegten Garten, in dem die Bäume und Sträucher in Form geschnitten werden und die zahlreichen Rosen verschwenderisch blühen.

Als im Sommer 1969 unsere zweite Tochter, das heißt unser drittes

Kind, geboren wurde, merkten wir sehr schnell, dass unser Haus für eine fünfköpfige Familie zu klein war. Es fehlte ein drittes Kinderzimmer, und alle Umräumaktionen innerhalb des Wohnraumes waren nur ein Notbehelf.

Daher entschlossen wir uns im Frühling 1978, den großen Kellerraum in ein bewohnbares Zimmer umzugestalten. Mit viel Eigenarbeit und wenigen bezahlten Handwerkern gelang das Projekt. Als alles fertig war, freuten wir uns, wenn durch das neue Fenster am Nachmittag die Sonne schien und das dritte Kinderzimmer in ein angenehmes, warmes Licht tauchte.

Alle meine drei Kinder haben diese Kellerbehausung ausprobiert. Vor allem aber wurde diese von meinem Sohn bevorzugt, weil er dort seine Freiheit und Abgeschiedenheit von der Familie genießen konnte. Bis zu seinem Auszug aus dem Elternhaus lebte er dort gern.

Einmal haben mein Mann und ich in jenen Jahren den Wunsch nach einem größeren Haus verwirklichen wollen. Wir wollten der drangvollen Enge, die hier zuweilen spürbar herrschte, ein Ende bereiten. Aber wir hatten die Rechnung ohne unsere Kinder gemacht. Diese weigerten sich, ihr Elternhaus aufzugeben, das sie liebten und aus dem sie nicht vertrieben werden wollten.

Also blieben wir alle in unserem ersten Heim in der Wildstraße wohnen. Heute bin ich froh und dankbar, dass ich keine riesige Villa habe und in meinem Haus auch allein leben kann.

Der Wohnort

„Dann ziehst du also nach Kleinkleckersdorf!", bemerkten meine beiden Brüder voller Spott und Hohn, als sie von unserem Hauskauf in Kleinkönigsdorf erfahren hatten. Vom Namen her war diese Assoziation ableitbar, aber sie wussten damals nicht, genausowenig wie wir, welch bedeutender, geschichtsträchtiger Ort uns im westlichen Umland von Köln erwartete.

Als mein Schwiegervater 1964 den baldigen Hausbau anregte, hatten wir zuerst an der rechtsrheinischen Peripherie nach einem passenden Eigenheim gesucht. Der Königsforst war damals nämlich das bevorzugte Naherholungsgebiet der Kölner. Auch mein Mann und ich fuhren dorthin zu Spaziergängen mit unserem Baby im Kinderwagen, sooft es ging.

Also suchten wir in Frankenforst, Bensberg, Bergisch Gladbach und Schildgen nach einem geeigneten Haus für uns. So recht gefiel uns kein hier angebotenes Siedlungsgebiet.

Deshalb kam mein Mann eines Tages auf die Idee, es doch einmal im linksrheinischen Umland von Köln zu versuchen. Wir beide kannten diese Gegend nur flüchtig vom Durchfahren mit dem Auto, hatten aber das Vorurteil, die Dörfer seien wegen des nahen Braunkohleabbaus mit schwarzem Ruß bedeckt und die Luft sei schlecht.

Wir fuhren also im Sommer 1964 die Aachener Straße gen Westen und gelangten nach Kleinkönigsdorf, das etwas abseitig liegt. Hier wurden nämlich Siedlungshäuser einer Wohnungsbaugesellschaft angeboten.

Auf dem Triftweg begegneten wir einem älteren Ehepaar, das sich sehr freundlich zu uns gesellte. Wir fragten sie interessiert nach der Wohnqualität dieses ländlichen Gebietes, und sie gaben uns bereitwillig Auskunft, da sie schon über zehn Jahre hier wohnten.

In der Unterhaltung mit ihnen betonten sie, dass man hier nichts von der Braunkohle merke, die Luft sei sogar sehr sauber, da kein Industriegebiet in der Nähe sei und der nahe Wald für viel Sauerstoff sorge. Der Boden sei von hoher Qualität, da das Siedlungsgebiet auf einem ehemaligen Schrebergartengelände liege.

Schließlich entschlossen wir uns, auch nach eingehender Beratung mit dem Geld gebenden Schwiegervater, hier ein Haus zu erwerben. Die Entscheidung wurde mir auch dadurch leichtgemacht, dass ich vom Balkon unseres Rohbaus die beiden Türme des Kölner Domes sehen konnte. Auch später genoss ich gerne diesen Ausblick, solange er noch nicht durch hohe Bäume verdeckt war.

Am Rande möchte ich noch erwähnen, dass wir später, in den Pionierjahren nach unserer Übersiedlung aus der Großstadt, zu jenem älteren Ehepaar einen herzlichen Kontakt aufbauen konnten. Die Frau brachte täglich frisches Gemüse, Salat, auch Blumen aus ihrem großen Nutzgarten für meine Familie. Sie war so bescheiden, dass sie die Gaben manchmal nur vor der Haustür ablegte.

Mein Mann freundete sich mit dem älteren Herrn an, holte mit ihm Taubenmist für unseren kleinen Küchengarten und nahm seine Ratschläge für den Anbau der unterschiedlichen Gemüsesorten an.

Deren Tochter, die etwas älter als ich war und ein hübsches, sonnengebräuntes Gesicht hatte, wurde meine erste Haushaltshilfe. Sie, die heute hochbetagt, verbittert und von ständigen Rheumaschmerzen geplagt ist, erzählte mir neulich, dass sie in den ersten Jahren in der Wildstraße sehr mühevoll die letzten Betonklumpen von unseren Fensterscheiben entfernt hätte.

Als wir in unserem neuen Haus wohnten, sahen wir zu unserer großen Freude aus dem Wohnzimmerfenster die Umfriedungsmauer des ältesten Bauernhofes in Kleinkönigsdorf, des Bethune- oder Fronhofs, und die Kühe, die dahinter weideten. Das war ein Ausblick so ganz nach unserem Geschmack!

Leider wurde dieser geschichtsträchtige Hof eines Tages überraschend abgerissen, ebenso wie die einklassige Schule von 1866. An deren Stellen wurden große Wohnhäuser errichtet, die nicht so recht in dieses kleine Dorf passten.

Kaum waren wir in unser neues Haus eingezogen, bekamen wir Besuch von einem Mitglied der Dorfgemeinschaft, einem Verein aus dem Gründungsjahr 1948, der sich für die Belange von Kleinkönigsdorf einsetzte. Wir wurden zahlende Mitglieder, und unsere Kinder bekamen ab dann an jedem Nikolaustag eine „Tüte Lecker", die sie aus der Hand des verkleideten Heiligen Mannes in der verlängerten Waldstraße entgegennahmen. Das Schauspiel war sehr stimmungsvoll mit Scheinwerfern im Wald inszeniert. Meine älteren Kinder erzählen noch heute davon.

Die Dorfgemeinschaft feiert ihr Jahresfest an vier Tagen im Juni, von Fronleichnam am Donnerstag bis Sonntag. Ich erinnere mich daran, dass dieses Vereinsfest in der zurückliegenden Zeit meist verregnet war. Das war für die Kleinkönigsdorfer sehr schade, denn es gibt einen idyllisch angelegten Feierplatz am Waldrand, wo eine Musikkapelle aufspielt und die Dorfbewohner auf einer betonierten Fläche tanzen. Für das leibliche Wohl wird gegrillt und Bier gezapft, die fröhliche Stimmung schallt bis hinunter ins Dorf.

Der weitaus ältere Verein von Kleinkönigsdorf ist die Maigesellschaft von 1448. Es ist für uns Zugezogene immer ein köstliches Spektakel, wenn der Maikönig mit seiner Königin und die Maimägde mit ihren feschen Burschen am 1. Mai durch die Straßen des Ortes ziehen und die jungen Mädchen ihre wunderschönen Ballkleider präsentieren.

Wenn wir im Königsdorfer Wald spazierengehen, kann ich dort immer eine Menge Geschichtliches entdecken. Man rekonstruiert seit einigen Jahren die Wege aus der Römerzeit und beschriftet sie mit VIA, denn die Römer haben hier 400 Jahre lang gewohnt. Sie betrieben auf dem fruchtbaren Boden große Gutshöfe und belieferten mit den Erzeugnissen ihrer Äcker die Villen der reichen Römer in Köln.

Als vor wenigen Jahren am östlichen Ortsrand von Kleinkönigsdorf ein neues Siedlungsgebiet, das sie „Atrium" nennen, erschlossen wurde, fand man beim Graben Grundmauern der Häuser, Brunnen und verschiedene Ackergeräte aus der Römerzeit.

Da, wo die Aachener Straße ihren höchsten Punkt erreicht, befindet man sich an der Stelle der ehemaligen Kaiserpfalz, die Karl der Große errichten ließ, um auf dem Weg von Köln nach Aachen dort rasten zu können. Auf dessen Namen geht die Bezeichnung von „Kleinkönigsdorf" zurück. Das ist durchaus beachtenswert und hat mit „Kleinkleckersdorf" nichts zu tun!

Es lohnt sich, das königliche Gelände etwas gründlicher zu besichtigen. Ich erkenne die Überreste des auf den Grundmauern der Kaiserpfalz im Mittelalter erbauten Benediktinerinnenklosters, dessen Besitz heute noch mit einer fast durchgängig erhaltenen Immunitätsmauer eingefriedet ist. Im Innern gibt es ein gotisches Haus, das ich einmal besichtigen und in dessen spitzbogige Gewölbe ich hinuntersteigen durfte. Es ist dunkelrot gestrichen und hat einen mit Zinnen bewehrten Giebel.

Ich gehe gern in diesem Teil des Königsdorfer Waldes spazieren und folge dem „Nonnenweg" mit seinem alten Buchenbestand, der an den sieben Fischteichen des ehemaligen Klosters vorbeiführt. Ein alter Freund aus dem Dorf erzählte mir, dass er in den dreißiger Jahren dort noch Schlittschuh mit seinen Kameraden gelaufen ist. Heute sind die Teiche fast zugewuchert, bieten aber herrliche Fotomotive durch Spiegelungen der Bäume im Wasser und die seltenen gelben Lilien, die an verschiedenen Stellen blühen. Sehr bedauerlich für mich ist, dass das ehemalige Waldcafé, in dem am Sonntag mehrere köstliche Menüs gereicht wurden und in dessen an den Wald anschließenden Garten sich die Reiter trafen, abgerissen wurde.

Der Hochwald von Königsdorf ist uns Gott sei Dank erhalten geblieben und ist nicht, wie ursprünglich geplant, dem Braunkohleabbau zum Opfer gefallen. Er hat ein weitverzweigtes Wanderwegenetz und wird von Spaziergängern und Radfahrern gleichermaßen angenommen. Zahlreiche Schutzhütten, leider nur wenige Bänke, sind in den letzten Jahren errichtet worden. So ist dieses Naherholungsgebiet ein wichtiger Bestandteil der sich entwickelnden Infrastruktur von Königsdorf geworden.

Dieser im Zuge der Gebietsreform entstandene neue Ortsname, der Groß- und Kleinkönigsdorf zusammenfasst, liegt jetzt nicht mehr im Landkreis Köln, sondern gehört zum Erftkreis mit der Hauptstadt Bergheim und dem ungeliebten Autokennzeichen BM.

In den siebziger Jahren verbesserten sich in jeder Hinsicht die Lebensbedingungen in unserem Ort. Ein neuer Kindergarten wurde 1972 ganz in unserer Nähe gebaut, in dem unsere jüngste Tochter angemeldet wurde. So fielen für mich die weiten Wege bis zur Schwester Marianne auf der anderen Seite der Aachener Straße weg, bei der unsere beiden älteren Kinder noch ihre Kindergartenzeit verbracht hatten.

Die Volks- und später Grundschule in der Mitte des Ortes wurde nach der Zusammenlegung der katholischen und der evangelischen Schulen dreizügig ausgebaut. Um dem Zuzug der jungen Familien in den folgenden Jahren gerecht zu werden, bekam sie mehrere Anbauten und ist heute ein regelrechter Schulkomplex.

Unsere drei Kinder gingen dort jeweils vier Jahre lang zur Schule. Der gute Anfangsunterricht dort befähigte alle, als weitere Institution das Gymnasium in Frechen zu besuchen, das sie mit dem Abitur als Abschluss verließen. Auch ich lernte die Königsdorfer Grundschule positiv kennen, als ich den praktischen Teil meiner späten Referendarzeit dort absolvierte.

Im Zuge der aufblühenden Infrastruktur wurde das katholische Hildebold-Pfarrzentrum mitten im Ort errichtet, das zusammen mit der benachbarten evangelischen Christus-Kirche der geistig-religiöse Mittelpunkt von Königsdorf wurde. Hier gab es fortan außer den regelmäßigen Gottesdiensten Konzerte, Vorträge, Gesprächskreise, Angebote von kreativen Seminaren und Pfarrfeste, die das kulturelle Leben Königsdorfs bestimmten. Unsere jüngste Tochter half jahrelang in der Pfarrbücherei und konnte dort ihre Liebe zu Büchern vertiefen.

Auch das Angebot der Sportmöglichkeiten im Dorf hatte sich in den siebziger Jahren erweitert. Im TUS Königsdorf gab es eine gutgeführte Fußballabteilung, in der mein Sohn mehrere Jahre lang begeistert kick-

te. Seine dort trainierten schnellen Sprints kamen ihm in dem 1973 ge-
gründeten Tennisclub zugute. Hier fanden er und meine ältere Tochter
genauso begeistert wie mein Mann viele Jahre lang eine Heimat.

Wenn ich heute durch meinen Ort, das heißt durch Königsdorf gehe,
fallen mir die vielen Veränderungen auf. Kleine Häuser und sogar —
in den siebziger Jahren entstandene — Villen werden abgerissen, um
Mehrfamilienhäusern mit Eigentumswohnungen, Büros und Arztpra-
xen Platz zu machen. Von Köln über die Aachener Straße ins Zentrum
von Königsdorf kommend erkenne ich, dass der Ort zunehmend städ-
tischer geworden ist und den Charme eines Dorfes verliert. Dafür ist es
durch eine S-Bahn mit der Millionenstadt Köln verbunden, was nicht
nur die Neubürger sehr zu schätzen wissen.

Eine lebenslange Freundschaft

Erika und Jochen heirateten ein Jahr nach Peter und mir. Sie erzählte mir später, als ihre Beziehung schon verfahren war: „In der Kirche beim Jawort wusste ich bereits, dass die Hochzeit mit Jochen mein größter Fehler gewesen war."

Unterdessen hatten Erika und ich das Pädagogikstudium erfolgreich beendet, und wir begannen unsere Berufslaufbahn als Lehrerinnen mit großem Eifer und viel Freude. Regelmäßig trafen wir uns mit unseren Männern zu viert, als zwei anscheinend verliebte junge Ehepaare, oder wir verabredeten uns im größeren Kreis mit alten Studienfreunden, die nach und nach ebenfalls heirateten.

In ihrem Zuhause verstand es Erika, zu verschiedenen Anlässen mit der ihr eigenen Kreativität Feste zu arrangieren. Noch heute erinnere ich mich gern an stimmungsvolle Maifeiern mit frischem Maiengrün, Liedern an den Mai, gutem Essen und ausgelassener Freude der Gäste.

Fast zeitgleich wurden unsere Söhne geboren. Erika und ich waren nun wieder die alten, unzertrennlichen Freundinnen von einst, die sich fast jeden Tag zum gemeinsamen Spaziergang mit den Babys trafen. Wir teilten die Sorgen um das Wohl unserer Kinder und verrieten uns die besten Adressen zum Kauf von ungespritztem Gemüse. Aus meiner Sicht war es eine herrlich unkomplizierte Zeit. Wir beide hatten unsere Berufstätigkeit aufgegeben, um uns ganz der Familie widmen zu können, und unsere Männer hatten ihre juristische Ausbildung beendet und waren in den Staatsdienst übernommen worden.

Ein Jahr nach unserem Sohn wurde unsere erste Tochter geboren. Sie war wohlgeraten und sehr lebhaft, und das kleine Geschwisterpaar machte uns viel Freude. Auch Erika hatte den Wunsch nach einem zweiten Kind. Wie sie mir später gestand, wollte Jochen damals davon Abstand nehmen, da er die Beziehung zu seiner Frau bereits in diesem frühen Stadium ihrer Ehe als gefährdet sah.

Nichtsdestoweniger bekamen sie aber ein Jahr später ebenfalls eine Tochter. Die befreundeten Familien hatten sich übereinstimmend entwickelt, allerdings nur, was den äußeren Schein betraf. Bei unseren gewohnten Spaziergängen mit den Kinderwagen und nunmehr vier Kindern erzählte mir Erika von den regelmäßigen häuslichen Zwistigkeiten und zunehmend eigenständigen Aktivitäten der Ehepartner, die sich auseinanderzuleben begannen.

Meine Familie hatte nach der Geburt des zweiten Kindes ein Haus im Kölner Westen gekauft, und wir fühlten uns in der ländlichen Idylle mit einem eigenen Garten und dem nahen Wald zunehmend sehr wohl. Erika und ihr Mann kamen oft aus der Stadt zu Besuch, und wir verbrachten mit unseren Kindern viele unterhaltsame Stunden. Die innige Freundschaft zwischen Erika und mir hatte sich mit den Jahren auch auf unsere Männer ausgeweitet, die ja Bundesbrüder waren und berufsverwandt arbeiteten. Unsere fast gleichaltrigen Kinder, zu denen sich in einigem Abstand noch unsere zweite Tochter gesellte, mochten sich sehr und konnten bei den häufigen Familieneinladungen stundenlang zusammenspielen.

Als die Kinder größer waren, pflegten Erika und ich weiterhin unsere Freundinnentreffen. Sooft wir zu Hause abkömmlich waren, sahen wir uns in Köln. Wir besuchten zusammen die Museen, den Weihnachtsmarkt, die Geschäfte der Innenstadt und probierten Hüte, Schuhe und Kleider so gut gelaunt wie in alten Zeiten.

Gern nahmen wir auch ein gemeinsames Frühstück in einem Café ein. Hier kam es eines Tages zu einer von Erika gewollten Aussprache, in deren Verlauf die für mich niederschmetternde Bemerkung über ihre Ehe fiel: „Heute bin ich mir sicher, dass ich mich damals für den Falschen entschieden habe!" Wollte sie mir damit sagen, dass ihre Gedanken immer noch um Peter kreisten, mit dem ich seit vielen Jahren verheiratet war? Ich machte ihr unmissverständlich klar, dass sie das Rad des Lebens nicht zurückdrehen konnte, denn meine Ehe war gefestigt und verlief sehr glücklich.

Manchmal sprach ich Erika gegenüber von einer heilen Welt, die Peter und ich uns in unserem häuslichen Bereich geschaffen hatten. „Es gibt keine heile Welt!", brauste sie dann regelmäßig auf.

Erika und Jochen versuchten noch einmal einen gemeinsamen Neubeginn, indem sie ein altes, interessantes, verwunschenes Haus im Bergischen Land mieteten. Hier konnte Erika ihre Kreativität nach Herzenslust entfalten. Es wurde die Zeit des Makramee-Knüpfens, eine Kunst, die sie meisterhaft beherrschte und zu eigenen Werken gestaltete. Sie richtete die Räume extravagant ein, kombinierte alte mit modernen Möbeln, wagte farbliche Experimente und ungewöhnliche stilistische Zusammenstellungen.

Bei jedem Besuch bewunderte ich das ansprechende Zuhause meiner Freundin und brachte dies auch in gebührendem Lob zum Ausdruck. Allerdings befremdeten mich zunehmend ihre ruhelosen Umräumaktionen im Haus, bei denen das Mobiliar ohne erkennbare Verbesserung umgestellt wurde, was viel Unbehagen für die Familienmitglieder bedeutete. Außerdem wechselte sie ständig ihre Hobbys. War sie heute zum Beispiel noch dem Makramee verschrieben, so schwärmte sie morgen nur noch für das Patchwork-Nähen.

Als Freundin ließ ich mich damals dennoch gern von ihr inspirieren und besuchte ihre Wochenendkurse in diesen Techniken, die die Kreativität der Teilnehmer förderten.

Aus der Retrospektive und mit meiner heutigen Erfahrung glaube ich, dass damals schon die ersten Anzeichen von Erikas psychischer Erkrankung sichtbar wurden. Sie wurde immer weniger belastbar und kreiste nur noch um sich selbst. Bald mied sie den vertrauten Freundeskreis und beschränkte sich auf den losen Umgang mit ganz wenigen Menschen. Gelegentlich war ihr Verhalten aggressiv und von extremen Ansichten geprägt. Ähnlich wie vorher ihre Interessen wechselte sie später auch häufig ihre Wohnorte.

Nach einer längeren stationären psychiatrischen Behandlung wurde sie mit der ärztlichen Empfehlung entlassen, täglich ein bestimmtes Medikament einzunehmen. Dieses sedierte sie und veränderte nicht nur ihre Mentalität, sondern auch ihren Körper, der stetig an Fülle zunahm. Was war aus der lebenslustigen, schlanken und hübschen Erika geworden? In ihren mittleren Jahren war sie schon stark gealtert und wirkte mit ihrer massigen Gestalt plump und unbeweglich.

Durch ihre Krankheit wurden ihr Leben und das ihrer Familie immer gravierender verändert. Sie kümmerte sich nur noch sporadisch um ihre Kinder, weil diese, wie sie meinte, ihren Weg schon allein finden würden. Dabei waren diese Kinder zu dieser Zeit erst zwölf und vierzehn Jahre alt.

Das Kunstgewerbe wurde allmählich weniger wichtig für sie, und sie richtete ihre ganze Aktivität auf den Kirchenchor einer Kölner Innenstadtgemeinde, die zwanzig Kilometer von ihrem Haus entfernt lag. Dorthin fuhr sie nicht nur zu den wöchentlichen Chorproben, sondern sie sang auch an Sonn- und Feiertagen in den Gottesdiensten und in zusätzlichen Konzerten, so dass ihre Familie immer mehr auf sie verzichten musste.

Bei den seltenen Freundestreffen schwärmte sie begeistert vom Singen im Chor, und sie animierte meinen Mann, der früher gern im Schulchor gesungen hatte, einmal an einer Chorprobe teilzunehmen. Ich erinnere mich noch genau, wie er damals nach Hause kam und mir überzeugend sagte, dass ihm diese Kirchenchorarbeit zwar gut gefiele, aber nichts für ihn sei, da sie ihn an Sonn- und Feiertagen viel zu sehr von seiner Familie fernhalten würde.

Die entscheidende Veränderung in meiner Freundschaft zu Erika trat ein, als diese ihre Familie verließ und sich in Aachen in unmittelbarer Nähe des Domes ein Zimmer mietete. Dort lebte sie unter äußerst bescheidenen Bedingungen. Ihr Mann und ihre halbwüchsigen Kinder blieben in dem schönen Haus in Bergisch Gladbach-Paffrath zurück und hatten kaum noch Gemeinsamkeiten mit ihr.

Erika konzentrierte sich darauf, das Leben immer wieder neu für sich zu gestalten. Der Kölner Kirchenchor, der noch eben in ihrem gedanklichen Mittelpunkt gestanden hatte, war vergessen. Sie verfiel in eine gesteigerte Religiosität, saß stundenlang betend im Dom und hatte fast ausschließlich Kontakt zu geistlichen Personen.

Damals bestimmten längere Zeiten des Schweigens meine Beziehung zu Erika. Manchmal rief sie mich an, um mich zu beschimpfen. Oft beendete ich verärgert das Telefonat, wenn sie mir wieder einmal meinen Irrglauben an eine „heile Welt" vorwarf. Doch da ich wusste, dass Erika krank war und in mir als ihrer langjährigen Freundin noch immer eine Gesprächspartnerin suchte, brach ich den Kontakt zu ihr niemals ganz ab.

Dann starb vor einigen Jahren mein geliebter Mann an einer schweren, unheilbaren Krankheit. Auch Erika trauerte mit mir. Sie nahm sogar an den Familientagen aus Anlass der Jahrgedächtnisse teil. Jedes Mal war sie sichtlich erfreut, meine Kinder und Enkelinnen wiederzusehen und sich mit ihnen zu unterhalten.

Eines Tages erhielt ich einen Brief von Erika. Sie kam darin auf den Tod meines Mannes zu sprechen, dessen Mutter ebenfalls relativ jung an Krebs gestorben war. „Es sind nicht die Gene, wie du immer meinst, die bei Peter zu seinem Krebstod geführt haben, sondern er ist krank geworden, weil er seine eigenen Wünsche zu wenig beachtet hat."

In ihren weiteren Ausführungen bezog sie sich auf die Jahrzehnte zurückliegende Chorprobe, die ihm sehr viel Freude gemacht hatte, die er aber seiner Familie zuliebe nicht wöchentlich wahrnehmen wollte. Erika nahm seine Absage als Beispiel dafür, dass er seinen im tiefsten Grund der Seele wohnenden Sehnsüchten nicht nachgeben konnte und dass er deshalb sterben musste.

Im ersten Moment war ich geschockt von der Auslegung dieses Tatbestandes, wusste ich doch von meinem Mann, dass er sich aus Verantwortung seiner Familie gegenüber nicht für den wöchentlichen Chorgesang entschieden hatte. Indirekt gab sie meiner Familie die Schuld am frühen Tod des geliebten Angehörigen, was mich sehr traurig stimmte.

Ich hätte die Freundschaft zu Erika in dieser Phase beenden können, hielt aber doch daran fest, weil ich merkte, dass ihre psychische Krankheit sie gefangen hielt und sie sich in diese Problematik hineinsteigerte. Meiner Meinung nach musste die Freundschaft zu Erika, die mich fast ein ganzes Leben lang begleitet und mir sehr viel bedeutet hatte, doch so viel Substanz haben, um auch nach dieser schweren Bewährungsprobe weiter bestehen zu können.

Und sie bestand weiter, ich behielt mit Erika Kontakt.

Heute lebt Erika in der Gartenwohnung ihres Elternhauses. Dort musste sie den Tod ihrer hochbetagten Mutter und den ihrer zehn Jahre jüngeren Schwester erleben. Sie lässt die Probleme nicht mehr nah an sich heran und lebt zurückgezogen in ihrer eigenen Welt. Gut versorgt von ihren Kindern und den Betreuerinnen, ist es ein sehr eingeschränktes Leben. Sie braucht nicht viel mehr als das Dom-Radio und ihre geliebte Pfeife, die sie täglich genussvoll raucht.

Wie sie mir bei einem unserer letzten Telefonanrufe erzählte, wartet sie sehnlichst auf die Erlösung durch den Tod, und sie bittet Gott jeden Tag darum, sie zu sich zu nehmen.

Meine Freundschaft zu Erika wird so lange andauern, wie sie lebt, denn ich habe jene schließlich durch Irrungen und Wirrungen ein ganzes Leben lang gepflegt.

Eines Tages wird Erika mir fehlen.

Rotkohl

Es gab mehrere gute Gründe, in den siebziger Jahren zu unserem Hausgarten noch einen Schrebergarten anzumieten.

Inzwischen waren wir mit unseren drei Kindern auf eine fünfköpfige Familie herangewachsen. Der kleine Küchengarten, den mein Mann mit großer Leidenschaft am Haus betrieb, gab mit seiner halbschattigen Lage nicht so große Erträge her.

Zwar gediehen Mangold, grüne Bohnen und Kräuter aller Art recht gut. Jedoch kümmerten trotz des täglichen Kampfes, den mein Mann gegen Möhrenfliegen, Schnecken und Würmer führte, viele andere Gemüsepflanzen vor sich hin.

Damals hatte ich viel Zeit, und ich war wie besessen davon, meine Familie gesund zu ernähren. Eine tägliche Portion ungespritzten Gemüses gehörte für mich unbedingt dazu.

Da war es ein Glücksfall für uns, als wir von der Möglichkeit erfuhren, einen Schrebergarten ganz in unserer Nähe für wenig Geld anzumieten. In diesem alten Gartengelände mit gutem Boden und Sonne gab es Platz für viele Beete.

Zu unserer großen Freude stand auf dem neu gewonnenen Betätigungsfeld zusätzlich eine alte Laube mit einer kleinen Terrasse davor. Also waren alles in allem auch genug Spielmöglichkeiten für unsere Kinder vorhanden.

Manchmal flüchteten wir nämlich in diese Oase der Stille, wenn unsere Nachbarn mit ihren sieben Kindern allzu viel Lärm machten. Denn obwohl auch unsere Kinder im Krachmacheralter waren, schätzten wir doch zuweilen eine Auszeit in der Ruhe und Beschaulichkeit der eigenen Familie.

Kaum war der Frühling angebrochen, machten wir uns mit großer Freude an die Bestellung des neuen Gartens. Es wurde geharkt, gesät und gepflanzt. Da wir ja jetzt so viel Platz zur Verfügung hatten, kaufte mein Mann in einer kleinen Gärtnerei im Nachbardorf hundert Kohlrabi Pflanzen. Es war die violette Sorte, die er in Reih und Glied in den lockeren Boden setzte.

Die Kinder durften gießen und beobachteten das Anwachsen und Gedeihen der Pflänzchen. Wir mochten alle das Kohlrabigemüse, daher auch die große Anzahl, die wir alle zu verspeisen gedachten.

Zunächst fiel uns noch nichts auf, aber bald schon stellten wir mit Erstaunen fest, dass sich an den Pflanzen keine Knollen bildeten.

Um es kurz zu machen: Aus den hundert Kohlrabipflänzchen entwickelten sich während des Sommers hundert Rotkohlköpfe!

Jetzt war guter Rat teuer, denn in unserer Küche hatte Rotkohl keinen Platz. Nur wir Eltern aßen gern im Winter zu Fleischgerichten eine Portion Rotkohl, aber dann nahm ich die aus dem Glas, weil die Verarbeitung eines ganzen Rotkohlkopfes doch eine Menge Arbeit macht.

Das wusste ich noch von meiner Mutter, und deshalb war ich so entsetzt, mich plötzlich hundert Stück Rotkohl gegenüberzusehen, die ich verarbeiten musste. Denn dass ich sie verarbeiten würde, war mir von Anfang an klar. Ich bin nämlich ein Kriegskind und lasse keine Lebensmittel verkommen oder werfe sie gar weg.

Also wurden die manchmal kleinen, aber oft auch großen, festen Rotkohlköpfe geerntet. Zähneknirschend machte ich mich an die Arbeit. Ich brauchte zwei lange Abende bis nach Mitternacht, an denen ich den Rotkohl mit meiner Küchenmaschine zerkleinerte, ihn in einem großen Topf mit kochendem Wasser blanchierte und das essfertige Gemüse in Plastikbeutel einfüllte.

Ich stand bei dieser Arbeit stundenlang in der Küche, umgeben von Wasserschwaden, und war sehr unglücklich. Im nächsten Schritt vakuumierte ich die Säckchen, verschloss sie mit einem Clip und beschriftete kleine Etiketten, die ich aufklebte.

Wir besaßen damals eine große Tiefkühltruhe im Keller, in die die erkalteten Rotkohl-Beutel geschichtet wurden. Ich habe ihre stattliche Anzahl vergessen, aber es waren sehr, sehr viele.

Die Rotkohlpäckchen waren das Basisgemüse in unserer Truhe, und das blieben sie auch lange Zeit. Ihre Menge schrumpfte nur wenig. Eines Tages hatten wir einen längeren Stromausfall, der natürlich auch unsere Tiefkühltruhe betraf. Die Temperatur darin stieg unaufhaltsam. Es war zum Weinen! All die von mir mühsam verarbeiteten Rotkohlköpfe in den beschrifteten Plastikbeuteln wurden pappig und binnen kurzer Zeit unbrauchbar. Ich musste sie in den nächsten Tagen alle wegwerfen.

Feste feiern

Waren die letzten fünf Jahre der sechziger Jahre eine arbeits- und entbehrungsreiche Pionierzeit auf dem Lande gewesen, so waren doch die Probleme um das Haus kleiner geworden, oder wir hatten den Umgang mit ihnen gelernt.

In den siebziger Jahren verlangten wir deshalb wieder nach Unterhaltung, Spaß und Feiern. Jung und unternehmungslustig, wie wir waren, wollten wir wieder an die unbekümmerte Zeit unseres Lebens in Köln anknüpfen. Die siebziger Jahre waren für meinen Mann und mich die Partyzeit. Wir hatten jetzt ein eigenes Haus mit einem großen Wohnzimmer, das Platz zum Feiern bot.

Unser Freundeskreis, der sich aus Gleichaltrigen verschiedener Genese zusammensetzte, bot reichlich Anlässe, um Feste zu feiern. So hatten wir einen vertrauten Kreis alter Freunde, die sich zum Teil mit den Studienfreunden mischten. Wir fanden Kontakt zu einigen Juristenkollegen und auch zu einer Reihe von Nachbarn, mit denen wir gern in unserer Freizeit Gemeinschaft pflegten.

Der Tennisclub spielte mit seinen vielfältigen Festen eine große Rolle in unserem Leben. Wenn ich noch unsere beiden Herkunfts-Familien dazu erwähne, wird es verständlich, dass wir jeden Samstag entweder Gäste bei uns zu Hause hatten oder in einem der genannten Kreise eingeladen waren.

Dieses an den Wochenenden fröhliche Leben von uns Eltern ließ sich durchaus mit den drei kleinen Kindern vereinbaren, denn wir hatten die Babysitterin Barbara, die sogar bei uns schlief, wenn wir die halbe Nacht feiern wollten.

Einige Male im Sommer passierte es, dass wir erst morgens um sechs Uhr bei Helligkeit und Vogelgezwitscher nach Hause kamen. Unsere drei Kinder begrüßten uns gut gelaunt und putzmunter auf der Treppe und wollten von uns belustigt werden. Wir aber hatten keine Minute geschlafen!

Auf den Festen, teils zu Hause, teils auch im größeren Rahmen wie dem Gürzenich, wurde viel geflirtet. Wir alle waren jung und erprobten gern unsere Attraktivität, auch im Hinblick auf andere Partner. Damals gab es schon die ersten Entfremdungen in den noch jungen Ehen, die dann meist auch zu einer Trennung führten.

Exemplarisch für gelungene Feste möchte ich die Maifeiern erwähnen. Unsere Freundin Erika in Köln hob diese aus der Taufe. Sie lud ein Trüppchen alter Freunde in ihre große Stadtwohnung ein, wo wir scherzten und tanzten. Die Musik der siebziger Jahre war rhythmisch und mitreißend und versetzte uns alle in eine ausgelassene Stimmung. Um Mitternacht traten wir auf den kleinen Balkon, der zum begrünten Innenhof führte, und wir sangen alle bekannten Mailieder mit lauten, die Nacht durchdringenden Stimmen. An Beschwerden aus der Nachbarschaft kann ich mich nicht erinnern.

Bei den Freunden Rita und Hermann erklommen die Maifeiern eine unnachahmliche, perfekte Stufe. Mit einem bunt geschmückten Maibaum im Kofferraum fuhren mein Mann und ich in den Kölner Norden und verlebten dort einen herrlichen Abend mit lustigen Tanzspielen, Wahl der Maikönigin und fröhlichen Menschen. Es entstand ein Foto von mir und einem jungenhaft wirkenden Juristen, der unbekümmert in die Kamera schaute. Wenige Tage später erschoss er sich im Keller seines Hauses.

Viele Jahre später reimte ich für die Freundin aus Anlass ihres sechzigsten Geburtstages:

O, wie erinnr`ich mich der Zeiten,
da gab es Tanz im Maiengrün
mit Spielen und mit netten Leuten,
und selbst der Aperitif war grün!

Wir feierten damals schon gern die runden Geburtstage mit vielen Gästen aus nah und fern. Bis heute ergreife ich gern die Gelegenheit, die wenigen alten Freunde, die mir noch geblieben sind, und die sich immer mehr vergrößernde Familie mit Kindern, Enkelinnen und Partnern zu meinen runden Geburtstagen einzuladen.

Doch zurück zu den siebziger Jahren! Zu den Festen, die reihum stattfanden, gehörte auch immer ein kulinarischer Teil. Wir jungen Frauen waren damals noch nicht so geübt, zehn Personen und mehr mit Köstlichkeiten zu bewirten. Eine Freundin servierte uns einmal „Zunge in Madeira", ein Traditionsgericht, das unsere Mütter gern am Sonntag zubereiteten. Wir sollten an diesem Abend die ausgekochte Brühe der Pökelzunge als Suppe trinken, die wir wegen des extremen Salzgehalts aber als ungenießbar zurückweisen mussten.

Eine andere Freundin hatte aufwendig den Tisch gedeckt, und wir Gäste bekamen nur eine kleine Pastete mit etwas Ragout gereicht. Hungrig warteten wir auf einen zweiten Gang, der aber nicht vorgesehen war. Ich erinnere mich noch heute, wie wir dieses Missgeschick einfach weglachten!

Ich hatte einmal bei einer Einladung im Eifer des Gefechts vergessen, eine Vorspeise zu bereiten. In meiner Not griff ich auf eine Maggi-Tütensuppe zurück, was gottlob keiner monierte.

In den späteren Jahren waren wir Frauen dann alle in der Lage, ein Drei-Gang-Menü oder ein vielfältiges Buffet zu bereiten. Es gab Speisen nur vom Feinsten, stets hand- und hausgemacht. Alle Gastgeberinnen legten Wert auf ein ansprechendes Ambiente und deckten den Tisch mit schönem Porzellan und geputztem Silber.

Heute frage ich mich manchmal, wie ich die Vorbereitungen zu solchen Feiern, trotz der vielen Arbeit in meiner großen Familie, geschafft habe. In der Mitte des Lebens war ich dazu in der Lage und habe funktioniert, ohne darüber nachzudenken, ob ich es konnte oder nicht.

Eine Käfergeschichte

Im Sommer 1959 bekam mein damaliger Freund und späterer Ehemann seinen ersten VW Käfer. Dieser hatte noch rechts und links die ausschwenkbaren Winker und in der Rückfront ein kleines, in der Mitte geteiltes Fenster.

Dieses Auto hat uns als junges Ehepaar viele Jahre zuverlässig durch ganz Europa begleitet.

Später bekamen wir drei Kinder und auch das Folgemodell des ersten Käfers.

Im Jahre 1970 fuhren wir mit diesem Gefährt nach Domburg in Holland. Neben uns Eltern mussten drei Kinder im Alter von sechs, fünf und einem Jahr in der Familienkutsche Platz finden, ebenso wie das Gepäck der fünfköpfigen Familie für einen dreiwöchigen Urlaub am Meer, Bettzeug und Handtücher eingeschlossen.

Nach eingehender Beratung entschieden wir uns, den Beifahrersitz auszubauen, um dort mehrere Koffer und Taschen zu lagern.

Auf dem Dachgepäckträger befestigte mein Mann das Laufställchen der Kleinen, ihren Kinderwagen, einen Sonnenschirm und noch einen großen Koffer.

Da unser Käfer nur zwei Türen besaß, mussten die Kinder und ich über die vorn gelagerten Gepäckstücke klettern, um auf die Rückbank zu gelangen.

Dort saß ich in der Mitte mit dem Baby auf dem Schoß und hatte rechts und links von mir zwei unruhige Kleinkinder, die trotz des geringen Platzes herumtollten und die Eltern nervten. Das einjährige Baby hüpfte derweil während der gesamten, über dreistündigen Fahrt auf meinem Schoß herum.

Es ist nicht auszudenken, was passiert wäre, wenn mein Mann plötzlich hätte bremsen müssen. Dann wären die Kinder und vielleicht auch ich durch das Auto geflogen, denn Anschnallgurte waren damals noch unbekannt.

Oft denke ich an diese Zustände von vor fünfzig Jahren zurück, wenn ich heute meine Kinder oder junge Freunde mit ihren Familien in ihren großräumigen Autos erlebe, in denen jedes Kind in seinem eigenen Sitz festgeschnallt wird und auch die Erwachsenen sich selbstverständlich angurten.

Das Examen

Am frühen Morgen des 1. September 1978 fuhr ich über die Aachener Straße in Richtung Horrem, wo das Seminar zur Vorbereitung auf mein zweites Staatsexamen beginnen sollte.

Als ich ein Stück aus Königsdorf herausgefahren war, trat plötzlich ein kapitaler Hirsch mit einem gewaltigen Geweih majestätisch aus dem Morgendunst des Waldrandes. Ich musste scharf bremsen, um ihn und seine Hirschkühe, die gemächlich einzeln hinter ihm hertrabten, nicht zu gefährden, während sie die Straße überquerten.

In der Aufregung vor einem neuen Abschnitt in meinem Leben fragte ich mich, ob dieses seltene Erlebnis nun ein gutes oder ein schlechtes Omen für die Etappe meiner verspäteten Ausbildung sei. Verspätet deshalb, weil ich vor 17 Jahren nur das erste Staatsexamen gemacht hatte und mir das zweite noch fehlte.

„Ich habe in der Zeitung gelesen, dass das erste Staatsexamen im Lehrberuf verfällt, wenn man nicht am 1. September 1978 die Referendarausbildung zum zweiten Examen beginnt." Mein Mann stand eines Tages mit dieser Meldung vor mir; das war für mich eine ganz überraschende Neuigkeit.

Von 1961 bis 1964, direkt nach meinem ersten Examen, das ich im Alter von 21 Jahren abgelegt hatte, war ich als Volksschullehrerin tätig gewesen. Ich hatte aber meinen Dienst quittiert, als mein Sohn geboren wurde. Meine Mutter hatte sich zwar angeboten, das Baby die Woche über zu betreuen, damit ich meine Ausbildung abschließen konnte. Ich aber wollte mein Kind selbst großziehen und nahm ihr Angebot nicht an.

Als sich 1965 und 1969 noch meine beiden Töchter einstellten, war für mich das Leben als Hausfrau und Mutter festgeschrieben, zumal mein Mann und ich 1965 ein Haus auf dem Land für die Familie kauften. Dieses beschauliche Leben währte dreizehn Jahre lang. Als Stadtmenschen wurden wir vor den Toren Kölns nach und nach sehr glücklich; um uns herum gab es viel Grün, und unsere Kinder konnten in großer Freiheit aufwachsen.

In diese Situation hinein platzte die Meldung meines Mannes, und wir mussten unsere Familiensituation neu überdenken. Mein Mann bevorzugte eindeutig, ich solle wieder in meinen Beruf als Lehrerin zurückkehren. Obwohl ich in den vergangenen Jahren zufrieden in meiner Rolle gewesen war, merkte er wohl, dass ich mich nicht ausgelastet fühlte und durchaus weiteren Anforderungen gewachsen war.

Als nächsten Schritt befragten wir unsere Kinder, was sie von der möglichen Berufstätigkeit ihrer Mutter hielten. Meine Töchter, damals dreizehn und neun Jahre alt, freuten sich bedingungslos über den Plan. Mein Sohn, vierzehn Jahre alt, hatte Einwände und sagte: „Wenn du aber mittags in der Haustür stehst und mich nach der Schule begrüßt, habe ich nichts dagegen."

Wir beschlossen alle zusammen, das Wagnis des zweiten Examens zu starten.

So beginnt meine eigentliche Geschichte am 1. September 1978 mit der Fahrt ins Seminar nach Horrem, wo ich die nächsten vierzehn Monate lang fast täglich mehrere Stunden im Seminar lernen und im Gruppenverband arbeiten würde.

Als Hauptfächer wählte ich Deutsch und Kunst, die mir am meisten lagen, musste aber als Grundschullehrerin viele andere Fächer mitbelegen. Den praktischen Teil der Ausbildung konnte ich in Königsdorf an der Johannes-Schule absolvieren. Ich bekam zwei sehr angenehme Lehrerinnen als Mentoren zugewiesen, die jünger als ich waren und die sich wunderbar auf meine besondere Situation einstellen konnten. Sie halfen mir, in ihren Klassen heimisch zu werden, und sie unterstützten mich bei der Vorbereitung und Durchführung der vielen Lehrproben. Das Unterrichten vor der Klasse fiel mir leicht, hatte ich doch schon nach meinem Studium einige Jahre Berufserfahrung sammeln können.

Schwierig war jedoch von Anfang an der Umgang mit meinen Kolleginnen in den Seminaren der Referendarausbildung, die gerade von der Universität kamen und Anfang zwanzig waren. Ich dagegen hatte meinen 38. Geburtstag schon begangen und führte mit meiner großen Familie ein ganz anderes Leben als sie.

Einmal rief eine junge Frau bei mir zu Hause an: „Kann ich die Barbara sprechen?" Übereinstimmend mit meinem Pass hatte ich bei meiner Anmeldung den Vornamen Barbara statt des in unserer Familie gebräuchlichen Bärbel angegeben. Meine jüngste Tochter lief zum Telefon: „Hier gibt es keine Barbara, aber wenn Sie meine Mutter sprechen möchten, gebe ich sie Ihnen." Hinterher empörte sie sich, dass ihre Mutter von einer Fremden mit dem Vornamen, dazu auch noch mit einem falschen, angesprochen wurde.

Schnell und heftig merkte ich den Altersunterschied zwischen meinen Kolleginnen und mir. Man duzte sich allgemein, was ich von früher nicht kannte; die Mädchen trugen Jeans, die ich bisher nie getragen hatte. Auch die Umgangssprache der jungen Menschen war für mich gewöhnungsbedürftig. Aber ich meisterte alles, so gut es ging, kaufte mir eine Jeans und heulte mit den Wölfen um des großen Zieles willen.

Der Lehrstoff war für mich schwer zu verstehen, zu lange war mein Pädagogikstudium schon vorbei. Ich musste ganz neue Begriffe lernen, die den anderen flüssig über die Lippen gingen, wie zum Beispiel „Resilienz" oder „Brainstorming", Wörter, die ich vorher noch nie gehört hatte. Auch das Kommunikationsmodell war mir gänzlich unbekannt. Dieses alles erarbeitete ich mir, sowie vieles andere noch dazu.

Zu Hause hatte ich mir einen ruhigen Schreibplatz eingerichtet. Mein Mann hielt mir den Rücken frei, so dass ich störungsfrei arbeiten konnte. Wenn nötig, kümmerte er sich am Nachmittag liebevoll um die Belange der Kinder, die deshalb in meiner Referendarzeit nicht zu kurz kamen. Wir mussten aber unseren Tagesablauf straff organisieren, und auch die Kinder halfen im Haushalt mit. Das Küchenressort lag weiter bei mir. Ich kochte jeden Tag für alle eine warme Mahlzeit mit Gemüse aus dem eigenen Garten.

Mit der Zeit wuchs ich immer mehr in meine neuen Aufgaben hinein, die ich mit Freude und Zuversicht anging.

In den Osterferien 1979 fuhren mein Sohn und meine ältere Tochter in eine Sprachenschule nach England und meine jüngste Tochter in die Familie einer geliebten und vertrauten Cousine.

Jetzt hatte ich unbegrenzte Zeit, meine Examensarbeit zu schreiben. Auch hier half mir mein Mann, indem er alle Unannehmlichkeiten von mir fernhielt und mich immer, wenn es nötig war, ermunterte, weiterzuarbeiten. Er war es ja auch gewesen, der mich angeregt hatte, wieder in meinen Beruf als Lehrerin zurückzukehren.

Im September 1979 bestand ich schließlich mein zweites Examen, und meine Anstrengungen hatten sich gelohnt. Letztendlich waren es nur dreizehn Monate gewesen, in denen meine Familie im Ausnahmezustand gelebt hatte.

Ich stand zu diesem Zeitpunkt kurz vor meinem vierzigsten Geburtstag, und ich hatte mit meinem Examen die Voraussetzung geschaffen, mein Leben völlig zu verändern, ohne meine Familie allzu sehr zu beeinträchtigen.

Da ich eine Stelle in einem mit dem Auto gut zu erreichenden Ort im Erftkreis bekam und nur mit halber Stundenzahl unterrichtete, fiel meine Berufstätigkeit in der Familie nicht sehr auf. Bis auf Ausnahmen war ich mittags zu Hause und konnte meinen Sohn, wie er es gernhatte, nach der Schule in der Haustür begrüßen.

Ganz neu war für uns, über ein zweites Gehalt zu verfügen. Jetzt war nicht nur mein Mann der Verdiener für den Lebensunterhalt der großen Familie, sondern ich konnte mit meinem Geld dazu beitragen.

Das war für alle eine große Freude, denn wir konnten uns jetzt einige Extras leisten. Mein Mann und ich waren sehr glücklich, dass wir von diesem Zeitpunkt an das Reisen in den Fokus nehmen konnten. Mit den Kindern waren wir zwar oft und gern durch Deutschland oder das nahe Ausland gereist, aber viele Ziele waren offengeblieben.

Zusätzlich konnten wir nun Studienreisen in ferne Länder buchen, die mein Mann und ich uns schon lange erträumt hatten. Wir reisten etwa zwanzig Jahre lang, meistens mit dem Veranstalter „Studiosus", und erlebten alle arabischen Staaten, Nordeuropa, das mein Mann so liebte, sogar China und Australien. Der amerikanische Kontinent fehlte uns noch, aber wir mussten ihn schon in der Planungsphase wegen der sich verschlimmernden Krankheit meines Mannes absagen.

Nach jeder Reise klebte mein Mann die Papierfotos sorgfältig beschriftet in Alben ein, die heute immer noch gern von mir und den Kindern angeschaut werden.

Aus heutiger Sicht kann ich sagen, dass diese späte Herausforderung ein großes Geschenk für mich war. Obwohl ich all die Jahre gern eine Nur-Hausfrau und Mutter gewesen war, erkannte ich jetzt, dass ich viele Aspekte meiner Begabungen und meiner Persönlichkeit dort nicht hatte verwirklichen können. In meinem Beruf machte ich ganz andere Erfahrungen, erhielt Anerkennung von außen und baute mir ein besseres Selbstbewusstsein auf, das mir fortan in vielen Lebenslagen zugutekam.

So muss ich die Begegnung mit der Hirschfamilie bei meiner allerersten Fahrt ins Seminar nach Horrem als ein eindeutig gutes Omen für den neuen Lebensabschnitt werten.

Das organisierte Chaos

Es war eine Dankeschön-Reise, die ich meinem Mann und den drei Kindern von meinem ersten Gehalt als Lehrerin in den Herbstferien 1979 schenkte. Ich wollte mich bei ihnen dafür bedanken, dass sie mich während meiner späten Referendarzeit, in der ich als Ehefrau und Mutter nicht immer voll einsatzfähig war, so tatkräftig unterstützt hatten. Nun war alles überstanden, und wir alle freuten uns auf eine einwöchige Reise nach Wien.

In Wien wohnte Steffi, die Cousine meines Mannes, mit ihrer Mutter, ihrem Mann und ihren vier Kindern. Wir hatten in den vergangenen Jahren schon oft Berührungen miteinander gehabt und mochten uns sehr.

Steffi war etwa gleichaltrig wie mein Mann, 1936 geboren. Beide hatten, zusammen mit Steffis späterem Mann Bruno, in München studiert. Peter vervollkommnete dort ein Semester lang seine Jurakenntnisse, während die anderen ihr Germanistikstudium absolvierten und auch promovierten.

Steffis Mutter Maria, von der Verwandtschaft „Tante Mariechen" genannt, war eine jüngere Schwester meines Schwiegervaters. Sie füllte ihre Rolle als Oma der vier Wiener Kinder mit Herzlichkeit und Geduld aus und war der ruhende Pol und der gute Geist in diesem turbulenten Haus. Klein, rundlich und weißhaarig, wurde sie von allen geliebt, auch von meinen Kindern in dieser Wiener Woche. Auch ich erinnere mich an ihr liebes Wesen und an ihre dunkle Stimme.

Am ersten Ferientag machten wir uns also mit unseren drei Kindern und dem Auto auf die weite Fahrt nach Wien. Uns erwarteten dort spannende Erlebnisse mit dieser vielgliedrigen Familie, die uns ergötzen und uns eine ganz andere Art des Familienlebens darbieten würden, als wir es zu Hause gewohnt waren.

Am Abend des Ankunftstages waren wir bei unseren Verwandten zum Abendessen eingeladen. Wir fuhren von unserem Hotel vor die Tore der Stadt und suchten in einem Weinberg, abseits jeder dörflichen Bebauung, das Haus der Cousine. In der Großfamilie war schon viel über dessen Andersartigkeit gesprochen worden, und nun konnten wir alles mit eigenen Augen sehen.

Das Haus, auf einem Hanggrundstück am Fuße eines eigenen Weinberges gelegen, war schmucklos und unscheinbar. Steffi und ihr Mann Bruno, die es nach eigenen Plänen hatten erbauen lassen, ordneten äußere Form und Schönheit der Funktion unter, das heißt, es musste für die große Familie passen und praktisch sein. So entstand ein unglaublich geräumiges Haus mit vielen kleinen und größeren Zimmern, die alle einer Bezugsperson oder einer Nutzung zugeordnet werden konnten.

Das große Wohnzimmer, das die vordere Hälfte des Erdgeschosses einnahm, war wenig repräsentativ, und die Möbel waren von Gebrauchsspuren gezeichnet. Es war der Versammlungsort der Familie und der vielen Verwandten und Freunde, die sich hier oft einstellten.

Die Gastgeber luden bevorzugt ins eigene Haus zum Essen ein, denn hier wusste Steffi, dass die Tomaten für den Salat gehäutet wurden. Das war für sie ein absolutes Qualitätsmerkmal einer guten Küche, was in einem Restaurant nicht immer vorausgesetzt werden konnte.

Der Essbereich des Wohnzimmers wurde von einem großen Tisch mit unendlich vielen Stühlen dominiert, und hier kamen die Menschen allabendlich zusammen. Unter dem Tisch fand Lassie, der große zottelige Hund der Familie, Platz. Er duldete es, dass alle Sitzenden ihre Füße auf seinen warmen Körper legten und diese in sein weiches Fell eingruben.

Über die Esszeremonie muss ich heute noch schmunzeln, denn jedes Familienmitglied hatte seine eigenen Wünsche bezüglich des Abendbrotes. So bekam der Vater nach einem langen Arbeitstag in seinem Büro bei der FPÖ in Wien auf seine Bitte hin „a Supperl", und der jüngste Sohn begehrte ein Glas mit eingelegten Muscheln. Es gab noch viele weitere individuelle Essenswünsche, die die Mutter alle klaglos und liebenswürdig erfüllte. Steffi, die intellektuelle Frau, ordnete sich liebend und sorgend ihrem dominanten Mann und den fordernden Kindern unter.

Meine Kinder verfolgten dieses Abendritual mit großem Interesse und überlegten sicher, ob sie nicht zu Hause auch auf solchen Extrawürsten bestehen könnten. Als dann Ulrich seine eingelegten kleinen Muscheln auf einer Brotschnitte in Reih und Glied anordnete und diese schon beim ersten Bissen alle hinunterpurzelten, begann ein großes, befreiendes Gelächter nicht nur der Gäste, die diesem originellen Schauspiel gebannt zugeschaut hatten. Mehrere Kinder sammelten unter dem Tisch die kleinen Muscheln auf, die sie im und neben dem zottigen Fell von Lassie fanden und die Ulrich noch unter dem Tisch verspeiste.

Unser Besuch in den Herbstferien fiel auch in die Zeit des Heurigen. Bruno ließ es sich nicht nehmen, uns alle in eine Schankwirtschaft ganz in der Nähe des Hauses einzuladen. Als Insider führte er uns nicht in das Touristenzentrum Grinzing, sondern er kannte die lauschigen Plätze, die von den Einheimischen gern besucht wurden.

Bruno war überall bekannt. Wenn er, groß und gut aussehend, in seiner weltmännischen Art auftrat, kamen sofort die dienstbaren Geister und beeilten sich, seine Wünsche zu erfüllen. Er orderte Snacks in vielfältiger Art zum jungen Wein, und wir ließen es uns stundenlang als seine Gäste gutgehen.

Da Steffi berufstätig war, hatte sie eine Reihe von Strategien erfunden, die ihr den Alltag erleichtern sollten. So hielt sie einen Stapel von Zetteln bereit, die sie nach Bedarf im Haus auslegte, zum Beispiel „Spülmaschine ausräumen", „Wäsche aufhängen", „leere Flaschen wegbringen" und viele mehr. Die Kinder lasen diese Zettel und verrichteten manchmal die fälligen Arbeiten. Wenn das nicht geschah, hatte Steffi immer eine Entschuldigung für sie bereit: Sie würden „forschen" und hätten keine Zeit für die Hausarbeit.

In der oberen Diele gab es zwei Kuriositäten. Dort stand der große Korb auf einem Rädergestell, der zum ehemaligen Stubenwagen der Babys gehört hatte. Wohl mehr als hundert weiße Tennissocken gleicher Größe lagerten hier! Nach der Wäsche wurden sie von Steffi dorthin gebracht, und jedes Familienmitglied bediente sich nach Bedarf an einem frischen Paar.

Da alle Bewohner, bis auf die Oma, fast die gleiche Körpergröße hatten, wurde mit den Jeans ebenso verfahren. Sie wurden nach dem Waschen und Bügeln zur Benutzung von allen einfach über die Balustrade im Treppenhaus gehängt. Nur ihre ureigene Lieblingsjeans verwahrten die Kinder in ihren Zimmern.

In diesem Haus gab es noch eine weitere Besonderheit. Gleich beim Eintreten in die untere Diele lag auf einer Kommode hübsch gefaltet ein riesiger Stapel von Jankern, Strickjacken oder Pullovern in Einheitsgröße. Wenn die Gruppe der Familie und der Gäste in der Abendkühle einen Spaziergang durch die Weinberge machte, griff sich jeder ein warmes Kleidungsstück. Meine Kinder waren begeistert und benutzten gern die fremden Sachen.

Meine ältere Tochter wählte allerdings sehr sorgfältig und bevorzugte einen Janker, der „nach Martin roch". Dieser war der sehr ansehnliche, stattliche, siebzehnjährige Sohn der Familie. Sie gestand mir später, dass er ihre erste Liebe im zarten Alter von vierzehn Jahren gewesen war.

Nach einer Woche voller unvergesslicher Eindrücke kehrten wir nach Hause zurück, wo für mich die regelmäßige Berufstätigkeit als Lehrerin begann.

Das Gasthaus

„Limone ist doch wirklich die allerschönste Location am Gardasee!" Das bemerkte neulich eine Bekannte mit glänzenden Augen, während sie von einem Urlaub dort schwärmte. In diesen Ort fuhren wir eine Zeit lang jedes Jahr in den Osterferien. Die Familie fühlte sich dort wohl im Hotel mit seinen Sport- und Wellnessangeboten.

Im Laufe eines Ausflugstages ins entfernte Venedig aber ging es unserer jüngsten Tochter sehr schlecht. Sie hatte große Schmerzen im Bauch und weinte laut und anhaltend. Auf dem Rückweg nach Limone erreichten wir dann in höchster Not das Universitätsklinikum in Verona, wo sie noch am Abend wegen eines drohenden Blinddarmdurchbruches operiert werden musste.

Der Eingriff an der Neunjährigen verlief ohne Komplikationen. Sie fühlte sich bald im Krankenhaus des fremden Landes wohl, weil eine nette Dame aus Bozen, der ihre Schilddrüsenoperation noch bevorstand, sich rührend um sie kümmerte. Auch mir war diese Dame eine große Hilfe, da sie Deutsch sprach und bei Arztgesprächen und Verwaltungsangelegenheiten für mich dolmetschen konnte.

Als wir nach einigen Tagen mit unserer Tochter wieder in unser Hotel am Gardasee fahren durften, überreichte sie Frau Hopfgartner zum Abschied ein selbstgemaltes Bild, das diese in ihrem langen dunkelgrünen Bademantel zeigte. Gerührt von der Aufmerksamkeit lud sie die ganze Familie in das Gasthaus ein, das sie und ihr Mann in einem Vorort von Bozen betrieben. Wir freuten uns jetzt schon, sie auf einer unserer nächsten Wanderreisen dort besuchen zu dürfen.

Im folgenden Sommer fuhren wir, begeistert wie immer, wieder in die Dolomiten. Dieses Mal wollten wir die Bergwelt des Rosengartens von Welschnofen aus erkunden. Eines Tages erinnerte sich unsere jüngste Tochter plötzlich an die hilfsbereite Frau, die uns vor einem Jahr im Krankenhaus von Verona in ihr Gasthaus eingeladen hatte.

„Wollen wir die nette Frau Hopfgartner nicht von hier aus besuchen?" Und sie bettelte weiter: „Bis Bozen ist es doch sicher nicht so weit, und ich möchte sie unbedingt wiedersehen." Also beschlossen wir, am nächsten Tag nach einer gemäßigten Wanderung den Abend in dem Gasthaus der Frau Hopfgartner ausklingen zu lassen. Wir stellten uns einen urigen Biergarten vor der Kulisse der Alpen vor, wo wir uns erfrischen und etwas Deftiges essen wollten.

Am späten Nachmittag fuhren wir also in Richtung Bozen. Wir hatten noch unsere Wanderklamotten an, bunt karierte Hemden, Baumwoll-hüte, Kniebundhosen, dicke Kniestrümpfe und Wanderschuhe. Unsere Gesichter waren nach der Tageswanderung von der Sonne gerötet, und wir schwitzten.

Ziemlich erschöpft fragte ich in dem Vorort Gries einen Einheimischen nach dem Gasthaus der Familie Hopfgartner. Dieser kam näher zu unserem Auto, schaute erst mich an, dann die Restfamilie, ehe er tonlos fragte: „Sie wollen doch wohl nicht dort einkehren?", wobei er das SIE betonte und dabei geringschätzig dreinblickte. Wir aber ließen uns nicht beirren und setzten unsere Fahrt zum Zielort fort. Vor allem mein Mann freute sich nach der anstrengenden Fahrt durch die Berge schon sehr auf einen kühlen Humpen Bier, der seine Lebensgeister wecken würde.

Als wir den Marktplatz von Gries erreichten, schwante mir etwas Unangenehmes. Das Gasthaus, das wir erwarteten, entpuppte sich nämlich als ein nobles „Ristorante". Ein roter Läufer führte vom Bürgersteig bis in das Lokal, vorbei an weiß eingedeckten Tischen unter einer mit Weinlaub bewachsenen Pergola. Das Ambiente wirkte vornehm und teuer.

Meine Familie, bestehend aus fünf Personen im Wanderdress, setzte sich indes unerschrocken auf dem roten Teppich in Bewegung. Es war ein Spießrutenlaufen durch das Spalier der Kellner im schwarzen Outfit mit weißen langen Schürzen, die uns missbilligend mit ihren Augen verfolgten.

Ich führte die Reihe an und traf als Erste auf Frau Hopfgartner. Sie war von ihren Angestellten wegen der unliebsamen Gäste gerufen worden. Als sie aber meine jüngste Tochter und mich erblickte, hellte sich ihr Gesicht auf, und sie kam mit einem Freudenschrei auf uns zu. Wir alle wurden mit einer herzlichen Umarmung begrüßt, und plötzlich waren wir hier willkommen! Nun änderten auch die feinen Ober ihr Benehmen und freuten sich mit uns über das unverhoffte Wiedersehen.

Uns war es sehr recht, dass wir, mit Rücksicht auf die feingemachten Gäste im Lokal, einen Tisch draußen unter der Pergola zugewiesen bekamen, wo wir köstlich speisten. Frau Hopfgartner machte sich für einen Moment von ihren Pflichten als Restaurantchefin frei und stellte uns auch ihren italienischen Mann vor, der die erlesenen Gerichte zubereitet hatte. Sie setzte sich zu uns und zeigte uns das Kinderbild unserer Tochter, das sie schnell gesucht hatte und das sie in ihrem langen dunkelgrünen Bademantel im Krankenhaus von Verona zeigte.

So ging ein herrlicher Wandertag in den Dolomiten in Bozen leuchtend zu Ende, auch wenn mein Mann statt des ersehnten kühlen Bieres „nur" einen edlen italienischen Wein trinken musste.

Haus Wetterstein

Für mein Empfinden viel zu früh entschieden sich meine Eltern im Jahre 1979, einen Altersruhesitz für sich zu suchen.

Das hatte seine Gründe, denn meine Mutter war 1976, im Alter von 65 Jahren, an Brustkrebs erkrankt, der bei der Entdeckung schon fortgeschritten war. Damals haderte ich mit dem Schicksal. Ich dachte, dass das Leben nicht fair sei, denn meine Mutter hatte in ihren mittleren Jahren schon so viel Leid durch den Krieg und das Alleinsein während der elfjährigen Kriegsgefangenschaft meines Vaters erfahren. Das hätte für ein ganzes Leben gereicht! Und jetzt noch diese schwere Krankheit, die sie gesundheitlich auf das Schwerste beeinträchtigte!

Aber wie immer dachte sie an sich selbst zuletzt. Sie war von der Sorge getrieben, meinen Vater, der damals schon einen Schlaganfall erlitten hatte und motorisch nicht mehr ganz wiederhergestellt war, eines Tages allein zurücklassen zu müssen, und sie wollte ihn in guter Obhut wissen.

Nachdem meine Eltern verschiedene Domizile in Erwägung gezogen und auch besichtigt hatten, entschieden sie sich bald für das „Haus Wetterstein" in Brühl. Dieses lag mitten im Zentrum der hübschen Schlossstadt. Der gepflegte Park, eine reichhaltige Auswahl an Geschäften, verschiedene Restaurants, Cafés und vieles mehr waren von dort aus fußläufig zu erreichen. Alles war ideal für meine noch rüstigen Eltern.

Also lösten sie mit meiner und der Hilfe meiner beiden Brüder ihre große Wohnung in Köln auf, verschenkten viele Möbel und Bücher, die in das Zwei-Zimmer-Appartement nicht hineingepasst hätten, und kauften sich neue Sachen für den begrenzten Wohnraum.

Im Frühling 1980 zogen meine Eltern dann in die gemütliche kleine Wohnung im 13. Stock ein, wo sie vom Personal des Hauses Wetterstein betreut wurden.

Mein Vater fühlte sich von Anfang an wohl in seiner veränderten Umgebung, er nutzte den langen Balkon für seine täglichen Freiübungen und stellte sich von seinem großen Schreibtisch, an dem er im Wohnzimmer in Köln immer residiert hatte, auf einen schmalen Sekretär um.

Meiner Mutter dagegen fiel die Umstellung auf das eingeschränkte Leben in einem Altersruhesitz sehr schwer. Sie ging zwar gern mit meinem Vater im Schlosspark spazieren und unternahm auch manchen Einkaufsbummel in der Fußgängerzone, aber in Wirklichkeit war sie sehr unglücklich. Ihr fehlte der ureigene Wirkungskreis, nämlich die geräumige Küche und ein großzügiger Nähbereich mit allen Utensilien, an die sie gewöhnt war.

Mehr als einmal äußerte sie sich mir gegenüber: „Wenn der Vati als Erster gehen muss, dann holst du mich doch hier heraus?!"

Ich litt damals sehr unter der Unzufriedenheit meiner Mutter, hatte ich doch seit meiner Kindheit und in der langen Abwesenheit meines Vaters in Russland ein besonders inniges Verhältnis zu ihr. Ich wollte sie nach den vielen Jahren der Entbehrung glücklich mit meinem Vater sehen.

Um die Eingewöhnung für meine Mutter leichter zu gestalten, hatte die Familie ein engmaschiges Besuchsritual aufgestellt. Sehr oft fuhr ich die 25 Kilometer von Königsdorf nach Brühl, und das taten auch meine Brüder von ihren Wohnorten aus. Als die Enkel ihren Führerschein machten, reihten sie sich selbstverständlich in die Reihe der Besucher ein. Meine Eltern freuten sich immer sehr, wenn wir anreisten, gaben den Kindern großzügig Taschengeld und luden alle zum Essen ein.

So blieb das Verhältnis meiner Eltern zu Kindern und Enkeln lebhaft und liebevoll.

Schon ein Jahr nach dem Einzug ins Haus Wetterstein schlug das Schicksal erbarmungslos zu: Meine Mutter hatte einen Rückfall, der Brustkrebs war erneut ausgebrochen.

Wir halfen alle, so gut es ging, bei den Krankenhausaufenthalten und den verschiedenen Therapien. Trotzdem hatte mein Vater die Hauptlast in der kleinen Wohnung im 13. Stock zu tragen. Es fiel ihm im Laufe des Jahres immer schwerer, seiner geliebten Frau zu helfen, zumal ihm seine halbseitige Lähmung zu schaffen machte. Meine Mutter brauchte zunehmend Unterstützung und wurde immer schwächer.

Ich hatte damals gerade mein zweites Lehrerexamen erfolgreich bestanden und eine halbe Lehrerstelle in einer Grundschule im Erftkreis bekommen. Dort wartete ich auf meine Verbeamtung, war gestresst von Lehrproben und den normalen Anforderungen einer Klassenlehrerin.

Zu Hause lief der tägliche Wahnsinn als Mutter von drei halbwüchsigen Kindern weiter. Mein Mann stand mir bei, nicht zuletzt deswegen, weil er sich mit meiner Mutter immer gut verstanden hatte und ihr nur Gutes wollte.

Ich lebte in dem Zwiespalt, meine todkranke Mutter in unserem Haus pflegen zu wollen, und der Tatsache, dass dies nicht möglich war. Denn zum einen war das Haus zu klein für eine weitere Person, und zum anderen war eine Auszeit vom Beruf, um einen nahen Angehörigen zu pflegen, damals noch nicht vorgesehen.

Also mutete ich mir täglich so viel zu, dass ich stetig an Gewicht verlor und nachts kaum noch schlafen konnte. Meine Nerven waren über-strapaziert, und ich war ständig gereizt. Nur wenig trennte mich von einem Burnout.

Wir feierten noch im Mai 1982 oben in der kleinen Wohnung der Eltern den 71. Geburtstag meiner Mutter. Da merkten wir schon, dass es mit ihr so nicht mehr weitergehen konnte. Wir mussten sie schweren Herzens in die Pflegestation bringen, die im Parterre des Hauses Wetterstein untergebracht war.

Anfangs war sie noch bei vollem Bewusstsein, und sie missbilligte sichtbar diesen Schritt. Bei meinen häufigen Besuchen dort drehte sie mir demonstrativ den Rücken zu. Sie zeigte mir, dass sie böse auf mich war, weil auch ich eingewilligt hatte, sie von der Wohnung in die Pflegestation zu bringen.

Drei lange Wochen dauerte das Sterbelager meiner Mutter, in denen sie sich total veränderte. Die einst so fürsorgliche Frau fragte überhaupt nicht mehr nach dem Befinden ihrer Lieben, sondern sie interessierte sich für gar nichts mehr. Mein Bruder sagte damals: „Die Emotionen sterben zuerst." Man könnte sagen, sie war nicht mehr unsere Mutter, so wie wir sie ein Leben lang gekannt hatten.

Die ganze Familie war zutiefst traurig in diesem warmen Sommer 1982, in dem bald die Großen Ferien anbrechen würden. Wir waren uns einig, bis zum bitteren Ende bei unserer sterbenden Mutter zu bleiben und notfalls den Urlaub ausfallen zu lassen, den wir alle längst geplant hatten.

So wie sie sich als liebende Mutter ihr Leben lang hintangestellt hatte, wenn es um das Glück ihrer Kinder ging, so sagte sie sich jetzt vom Leben los. Ohne Todeskampf schlief sie am frühen Morgen des 21. Juni ein. Sie wollte auch im Tod kein Aufhebens von sich machen, indem sie unsere Urlaubspläne durchkreuzte, denn das hätte nicht zu ihrem Wesen gepasst.

Wir konnten ihr noch ein würdiges Begräbnis ausrichten, ehe wir alle mit unseren Familien in die großen Ferien fuhren.

Mir ging es in jenem Sommer nicht gut. Der Abschied von meiner Mutter, die in meinem Leben eine wichtige Bezugsperson gewesen war, schmerzte und belastete mich zutiefst. Ihre Unzufriedenheit des letzten Jahres im Haus Wetterstein spürte ich mit allen Fasern meines Wesens. Ich hatte noch viele Wochen lang den unangenehmen, speziellen Geruch der Pflegestation in der Nase, wo ich ihre Anklage so deutlich gespürt hatte.

Manchmal war ich so ruhelos, dass ich dreimal am Tag zu ihrem Grab ging, um mit ihr Zwiesprache zu halten. Dabei versuchte ich, von meinem schlechten Gewissen loszukommen, das sie mir wegen der Verlegung in die Pflegestation gemacht hatte.

Erstaunlicherweise war von ihr allein mir die Schuld für ihr Unglück gegeben worden. Sie hatte weder meinen Vater noch meine Brüder belastet, so wie es schon in meiner Kindheit gewesen war, wenn sie mir die Verantwortung für meine jüngeren Geschwister beim Spielen oder das magere Portemonnaie für den Familieneinkauf übertragen hatte.

Mein Vater verkraftete den Tod unserer Mutter recht gut. Er liebte die Wohnung des Hauses Wetterstein im 13. Stock und nannte sie sein Paradies. Das Angebot meines jüngsten Bruders, ihn in dessen Haus aufzunehmen, lehnte er ab, weil er keinem seiner Kinder zur Last fallen wollte. In den vielen Jahren seiner Kriegsgefangenschaft war er ein Lebenskünstler geworden und konnte sich auf eine veränderte Situation schnell einstellen.

Er zeigte uns nie seine große Trauer um seine geliebte Frau — bis auf ein Mal, als er bei der Begrüßungsrede zur Feier seines 75. Geburtstages sein „Theachen" im Himmel erwähnte und bitterlich in Tränen ausbrach.

Mein Vater hatte noch mehr als sieben Jahre einen angenehmen Lebensabend ohne nennenswerte neue Erkrankungen im Haus Wetterstein in Brühl. Einige Male verbrachte er mit seinem älteren Bruder Leo Urlaubstage in Bayern; die betagten Männer mochten sich sehr. Er erlebte die Hochzeit seiner ältesten Enkelin, auf deren Feier er sogar eine Rede hielt.

In den ersten Jahren seines Alleinseins reiste er hin und wieder mit der Bahn zu uns nach Königsdorf. Als ich ihn einmal vom Bahnhof abholte, musste ich mich schämen, als ich ihn erblickte. Er kam, wie immer, in Anzug, Schlips und Kragen, hatte aber, um die Hände beim Umsteigen frei zu haben, die Zahnbürste sichtbar in die Brusttasche und den Schlafanzug zusammengerollt unter das Jackett gesteckt. Ihm musste wohl auch, wie er uns erzählte, beim Ein- und Aussteigen geholfen werden.

Das war das letzte Mal, dass wir ihn allein mit der Bahn fahren ließen. Inzwischen waren die Kinder auch so erwachsen geworden, dass sie ihn zu verschiedenen Anlässen mit dem Auto abholen konnten. Er honorierte das immer großzügig.

Mein Vater war in den letzten Jahren seines Lebens ein pflegeleichter Mensch, der nie klagte und immer Zufriedenheit ausstrahlte. Wir hielten engen Kontakt zu ihm, er war ein geliebtes Mitglied der großen Familie.

Dann brach der 15. Dezember 1989 an. Ich hatte eine starke Erkältung und musste mit Fieber das Bett hüten. Da rief er mich in der Mittagszeit an und erzählte mir von einem nächtlichen Albtraum, der ihn noch immer stark beschäftige. Ich spürte, dass er meine Hilfe brauchte, die ich ihm an diesem Tag wegen meiner Grippe aber nicht geben konnte. Er war, wie immer, zufrieden und sagte, es ginge ihm schon besser und ich solle mir keine Sorgen machen.

Vorsorglich rief ich meine Brüder an, die ihn am Nachmittag in seiner Wohnung besuchen wollten. Als sie die Wohnung zusammen mit der Hausdame des Hauses Wetterstein betraten, fanden sie ihn neben seinem Bett liegend. Er war in einem Anfall von Angina Pectoris gestorben.

Wir beerdigten ihn auf dem Königsdorfer Friedhof in dem Doppelgrab neben unserer geliebten Mutter, und mein erster Gedanke war: Jetzt sind die beiden, die in ihrem Leben so viele Jahre kriegsbedingt getrennt waren, endlich wieder vereint und werden es auch bis in alle Ewigkeit bleiben.

Paris

Seit einiger Zeit probte unser Chor für die bevorstehende Operetten-Gala auch Ausschnitte aus dem „Pariser Leben" von Jacques Offenbach. Wir erfreuten uns am immer besser gekonnten Finale, das mit „Vivace" überschrieben ist und dessen Text uns schon ganz locker von der Zunge ging. Heiter sangen wir: „Sich amüsieren, herrlich soupieren, Frohsinn im Herzen, lachen und scherzen, Freude genießen, tändeln und küssen! Welches Leben, wonnig´ Leben!"

In diese Art von Pariser Leben tauchte meine Familie vor 25 Jahren völlig unbeabsichtigt ein.

Im Jahre 1975 wollten wir mit unseren Kindern – 11, 10 und 6 Jahre alt – die Sommerferien in der Bretagne verbringen. Wegen der Länge der Fahrtstrecke beabsichtigten wir, in Paris einen Zwischenstopp einzulegen und gleichzeitig den Kindern einige Sehenswürdigkeiten dieser beeindruckenden Stadt zu zeigen. Eine Freundin von uns empfahl uns ein zentral gelegenes, preiswertes Hotel, das sie gut kannte.

So vorbereitet, nahmen wir das „Abenteuer Paris" gelassen auf uns. Leider muss sich aber im Namen oder in der Anschrift des Hotels der Fehlerteufel eingeschlichen haben, denn wir landeten in einem kleinen Hotel ganz in der Nähe der „Place Pigalle", das sich bald als Stundenhotel herausstellen sollte.

Schon im Eingang begegneten uns entsprechend aufgemachte Damen mit ihren Freiern, die sich amüsierten, aufdringlich scherzten und lachten. Wir brachten, so schnell wir konnten, unsere Kinder auf das Zimmer, das mit dunkelroten Plüschmöbeln schwülstig ausgestattet war. Bald hörte man durch die dünnen Wände aus den Nebenzimmern eindeutige Geräusche ... Es war furchtbar!

Wir nahmen also wieder unsere Kinder und flüchteten nach draußen. Aber erst jetzt erkannten wir, in welchem Viertel wir gelandet waren: Überall befanden sich Schaukästen mit Fotos leichtbekleideter Mädchen, aufreizende Leuchtreklamen und Animateure, die lautstark für ihre Etablissements warben. Mein Mann war ständig bemüht, die Kinder abzulenken und sie auf irgendwelche Flugzeuge am Himmel oder lärmende Spatzen auf der Erde aufmerksam zu machen. Dabei wechselten wir häufig die Straßenseite.

Es war für uns als Eltern wie ein Spießrutenlaufen.

Nach einem hastig eingenommenen Abendessen brachten wir die müden Kinder in die dunkelroten Plüschbetten, wo sie selig bis zum nächsten Morgen schliefen. Uns war indessen die Lust auf eine Stadt-besichtigung gründlich vergangen, und so brachen wir gleich nach dem „Petit Dejeuner" auf dem Zimmer zu unserem sonnigen, erlebnisreichen Urlaub in der Bretagne auf.

Teil 2 – Leben und Sterben

Die Zahl Sieben

„Ob es wohl dieses Mal ein Junge wird?" Diese Frage stellten wir uns in der Familie, als meine jüngste Tochter ihr zweites Kind, also mein siebentes Enkelkind erwartete. Die sechs Enkelinnen waren sich aber einig: „Wir wollen wieder ein Mädchen haben, mit einem kleinen Jungen können wir nichts anfangen!"

Das siebente Enkelkind wurde schließlich doch wieder ein Mädchen, und ich hatte jetzt also sieben Enkelinnen. Ein seltenes Glück!

Das nahm ich zum Anlass, mir einige Gedanken über die Siebenzahl zu machen:

Die Primzahl Sieben gilt als heilige Zahl schlechthin und ist für die meisten Menschen eine Glückszahl. Sie ist auch die Zahl der Vollkommenheit, die sowohl das Geistliche als auch das Weltliche umspannt.

Bei verschiedenen Völkern begegnet man seit alters her der Zahl Sieben. Die jüdische Geschichte dokumentiert in der Genesis die sieben Schöpfungstage und damit zusammenhängend den siebenarmigen Leuchter, die Menora. Das griechische Altertum kennt u. a. die sieben Tore Thebens, die sieben Weltwunder, die sieben Weisen und die sieben Musen. Sieben bewegliche Himmelskörper waren den Menschen damals bekannt: Sonne, Mond, Mars, Merkur, Jupiter, Venus und Saturn. Die alten Ägypter verehrten Sirius als siebenzackigen Stern.

Ein indianisches Sprichwort sagt, der Mensch solle die Folgen seines Handelns für die nächsten sieben Generationen bedenken. Soziologen haben in unseren Tagen herausgefunden, dass der Mensch innerhalb von sieben Jahren im Durchschnitt die Hälfte seiner Freunde und Bekannten verliert, diese Lücken allerdings durch neue Kontakte wieder auffüllt.

In der Geschichte des Christentums ist die Siebenzahl ebenfalls häufig anzutreffen: Es gibt die sieben Sakramente, das Buch mit den sieben Siegeln , die sieben Gaben des Heiligen Geistes, die sieben Tugenden, die sieben Todsünden und die sieben Schmerzen Marias, die im „Stabat Mater" verschiedener Komponisten ergreifend besungen werden. Auch die sieben letzten Worte Christi am Kreuz sind in der Literatur nachempfunden und werden oft am Karfreitag in Wort und musikalischer Bearbeitung dargeboten. Die sieben Werke der Barmherzigkeit, die im frühen Christentum jedem auferlegt wurden, heißen: Hungrige speisen, Durstige tränken, Nackte bekleiden, Tote bestatten, Obdachlose beherbergen, Kranke pflegen und Gefangene aufsuchen.

In unserer profanen Welt taucht immer wieder die Sieben auf: Die Woche besteht in vielen Kulturen aus sieben Tagen, wobei sich die Namen unserer Wochentage meist auf einen der sieben Himmelskörper beziehen. Im Mittelalter studierte man die sieben freien Künste an den Universitäten. Der Mensch erneuert seine Zellen alle sieben Jahre, ein Hundejahr zählt sieben Menschenjahre, eine Katze hat sieben Leben. In der Ehe gibt es das verflixte siebente Jahr, in dem laut Statistik tatsächlich die meisten Scheidungen ausgesprochen werden. Der Regenbogen hat sieben Farben, die Lyra sieben Saiten, die Tonleiter sieben Töne, die russischen Matrjoschkas bergen sieben Puppen in einer. Wenn man eine Flasche Wein ausgetrunken hat, dann enthält die Neige immer noch sieben Tropfen.

Wir kennen das Siebengebirge, die Siebenbürgen, den Siebenjährigen Krieg, die sieben Weltmeere und den Siebenjahresplan im ehemaligen Ostblock. Die Bewohner der ehemaligen DDR gingen immer mit sieben Taschen ins Städtchen für den Fall, dass es etwas zu kaufen gab.

In der Dichtung, in Filmen und in Liedern erscheint bis in unsere Zeit die Sieben. Ich hab` es getragen sieben Jahr. Morgens um sieben ist die Welt noch in Ordnung. Die glorreichen Sieben. Rosemarie, sieben Jahre mein Herz nach dir schrie. Siebenmal in der Woche möcht ich ausgehn. Über sieben Brücken musst du gehen. Siebenmal, siebenmal, das ist meine Lieblingszahl. Und andere mehr.

Die Naturheilkunde weiß von sieben Kräutern, die blassen Wangen wieder eine gesunde Röte verleihen. Für einen angegriffenen Magen sind die Sieben-Ämter-Tropfen eine Wohltat. In den Kräutersträußen, die in manchen Gegenden Deutschlands am 15. August in den Kirchen gesegnet werden, bindet man sieben verschiedene, für Menschen und Tiere heilkräftige Wiesenkräuter zusammen. In den Lebkuchenteig und in den Rotkohl gehören sieben Gewürze. Das Kastanienblatt besteht aus sieben einzelnen großen und kleinen Fingern. Die beiden gegenüberliegenden Seiten eines Würfels ergeben mit ihren Punkten immer die Summe Sieben.

Auch in den Märchen spielt die Sieben eine große Rolle. Wer von uns kennt nicht Die sieben Geißlein, Schneewittchen und die sieben Zwerge, Die sieben Raben oder Sieben auf einen Streich?

Jetzt packe ich meine Siebensachen zusammen, genug der Berichte über die Zahl Sieben!

Der Steuermann

Zu seinem ersten Staatsexamen im Sommer 1959 bekam Peter von seinen Eltern sein erstes Auto geschenkt, nachdem er bis dahin einen Motorroller der Marke „Lambretta" gefahren hatte. Dieses erste Auto war ein VW Käfer von unauffälliger beige-grauer Farbe. Es hatte ein kleines, in der Mitte geteiltes Rückfenster und Richtungsblinker, die sich wie Finger rechts und links aus der Karosserie herausklappten. Es kostete damals 5000 DM.

Peter war überglücklich, und ich war es auch, als er mich – seine Freundin – zum ersten Mal von der Sparkassenfiliale auf dem Hansaring, in der ich einen Studentenjob hatte, abholte.

Das Auto begleitete unsere erste wunderschöne Zeit des Verliebtseins, die Verlobungszeit und schließlich unsere ersten Ehejahre. Es war unser treuer Gefährte auf vielen erlebnisreichen Reisen in Deutschland, nach Österreich und in die Schweiz. Unsere drei, alle in den sechziger Jahren geborenen Kinder wurden mit einem VW Käfer groß.

Dieses erste Auto hatte noch zwei Käfer-Nachfolger.

Wir kauften immer fabrikneue Autos, und dabei blieb es bis zum Lebensende meines Mannes. Diese verfügten dann auch über die entsprechenden technischen Neuerungen, wie zum Beispiel größere Front- und Heckfenster, Blinker, später Anschnallgurte und Kopfstützen.

Im Jahre 1971 leisteten wir uns den Luxus eines großen, weißen Opel Rekord, der viel Platz für die große Familie bot. Dieser Opel blieb aber eine Einzelausgabe, denn ab 1975 stiegen wir konsequent auf die Marke Peugeot um. Wir alle liebten diese französischen Autos sehr, boten sie doch viel Komfort und waren in jeder Hinsicht angenehm.

Mein Mann pflegte seine Autos gewissenhaft und hielt den Turnus der vom Hersteller empfohlenen Inspektionen genau ein. Diese und alle anfallenden Reparaturen ließ er immer in einer Peugeot-Werkstatt machen. Regelmäßig fuhr er mit dem Auto auch durch eine Waschanlage und bearbeitete es anschließend noch in unserer Einfahrt mit Lappen und Fensterleder, bis es wie neu glänzte.

Trotz aller Pflege wurden die Autos bei meinem Mann nicht alt, denn er kaufte meistens nach vier Jahren wieder das neueste Modell, immer in einer anderen Farbe.

Als umsichtiger Fahrer war er jahrzehntelang unfallfrei. Auf übersichtlichen Strecken und auf Autobahnen fuhr er gern mit schnellem Tempo, oft bis zu 180 km/h. Sonst hielt er sich an die Geschwindigkeitsbeschränkungen und fuhr angenehm und ruhig.

Da er sehr gern auf Ferienreisen am Steuer seines Autos saß, fuhr er immer selbst. Ich legte keinen Wert darauf, das mir ungewohnte, schwer beladene Fahrzeug zu lenken, war ich doch eher an meinen Kleinwagen und die Straßen der heimischen Umgebung gewohnt. Auf unbekannten Exkursionen saß ich allerdings gern mit der Straßenkarte auf den Knien neben meinem Mann und lotste ihn zum Bestimmungsort, was mir meistens gut und schnell gelang. Ein Navigationsgerät hatten wir noch nicht.

Wegen einer Meniskusverletzung am linken Knie wählte Peter bei den letzten beiden letzten Peugeots die Automatikversion und einen silbermetallischen Lack aus, weil man auf diesem den Straßenschmutz weniger sehen konnte.

Sein allerletztes Auto, das bei seinem Tod erst zwei Jahre alt war, verkaufte ich dann zusammen mit meinem zehn Jahre alten Kleinwagen und erstand dafür einen silberfarbenen Golf.

Es war bewundernswert, wie mein Mann sein Auto immer noch selbst fahren wollte und konnte. Er zeigte eine ungeheure Selbstdisziplin, wenn er zu seinen langen Chemotherapie-Sitzungen in sein Auto stieg und allein zu der Praxis des Onkologen hin- und wieder zurückfuhr. Dieses eigenständige Fahren bedeutete für ihn sicher einen wichtigen Teil seiner Lebensqualität und Unabhängigkeit in dieser schwierigen Phase.

Immer wieder muss ich an die drei letzten Ferienfahrten denken, die wir noch wenige Monate vor seinem Tod unternommen haben.

So besuchten wir im März 2001 die Insel Rügen. Es war eine weite Fahrt bis dorthin, und Peter fuhr das Auto, wie immer auf Reisen, die ganze Strecke selbst. Auf dem Hinweg übernachteten wir in der Nähe von Hamburg, ehe wir in Binz zehn Ferientage mit täglichen Besichtigungsfahrten zu den Inselorten verbrachten. Auf der Rückfahrt hatten wir vor, wegen der langen Strecke wieder eine Zwischenübernachtung einzulegen. Nach der Abreise von Binz besichtigten wir deshalb in aller Ruhe zwei Stunden lang die Stadt Stralsund. Als wir um die Mittagszeit wieder ins Auto stiegen, meinte mein Mann, dass er sich noch ganz kräftig fühle und lieber ohne Unterbrechung nach Hause fahren wolle. Es war eine lange, anstrengende Fahrt nach Königsdorf, aber er schaffte sie ohne Probleme.

Das war vier Monate vor seinem Tod.

In der ersten Maiwoche fuhren Peter und ich für zwei Tage auf den Keukenhof nach Holland. Diese Kurzreise hatten wir schon seit vielen Jahren unternehmen wollen, und in diesem, seinem letzten Jahr holten wir sie nach.

Die Strecke von Königsdorf nach Noordwijk aan Zee, wo wir ein Hotelzimmer fanden, zog sich viele Stunden in die Länge. Auch jeder Gesunde hätte reichlich Energie gebraucht, um sich auf der vielspurigen Autobahn, zum Beispiel um Rotterdam herum, zurechtzufinden. Mein kranker Mann schaffte diese Anforderung mit Bravour und steuerte das Auto sicher und routiniert. Immer, wenn es um Ferienfahrten ging, war er bester Stimmung und lebte auf.

Der Tag auf dem Keukenhof war herrlich sonnig und schon etwas warm, so dass wir uns nach Bedarf auf Bänken ausruhen konnten. Wir genossen die Pracht der Frühlingsblumen, und ich fotografierte viele Motive zur Erinnerung. Nach dem langen, anstrengenden Besichtigungstag lenkte Peter dann wieder das Auto über Landstraßen und Autobahnen nach Hause.

Das war knapp drei Monate vor seinem Tod.

Seine letzte Ferienfahrt war dann Anfang Juni mit der Familie unserer älteren Tochter nach Bollendorf in der Eifel. Peter und ich hatten uns sehr auf diese Reise im größeren Kreis mit den beiden Enkelinnen gefreut. Es wurde auch eine meist schöne Zeit mit der geliebten Familie, und wir wollten für diese wenigen Tage die fortgeschrittene Krankheit unseres Angehörigen verleugnen. Aber unsere Nerven, vor allem die meiner Tochter, lagen blank, weil die Kräfte des Vaters doch sichtbar geschwunden waren. Er hatte große Schwierigkeiten bei der Bewältigung auch kleinster Steigungen und konnte nur mit Widerwillen und sehr wenig essen.

Eigentlich wollten mein Mann und ich noch einige Tage länger in der Eifel bleiben, dazu kam es aber nicht mehr. Da es ihm nicht gut ging, fuhren wir alle zusammen am Pfingstmontag nach Hause. Peter saß wie immer am Steuer seines Autos, und ich merkte ihm keine Schwäche an, als er die zwei Stunden von Bollendorf nach Königsdorf mit relativ hohem Tempo fuhr. Er war noch ganz Herr der Situation.

Das war sechs Wochen vor seinem Tod.

Trotz seiner fortschreitenden Schwäche im Juni 2001 und seiner leichten Lähmungserscheinungen in den Beinen mochte er vom Autofahren auf kleineren Strecken nicht lassen. Ich realisierte nicht seine sich verschlimmernde Hilflosigkeit, weil ich sie nicht sehen wollte.

Die Wende kam dann ganz abrupt nach der Kernspintomographie des Kopfes am 3. Juli 2001, die uns die Gewissheit von Metastasen im Gehirn meines Mannes brachte.

Ich bin mir sicher, dass seit diesem Tag nicht nur sein körperliches, sondern auch sein seelisches Gleichgewicht völlig aus dem Lot gerieten.

Am 7. Juli saß deshalb ich am Steuer seines Autos, als wir beide zu einem Besuch der Familie meines Sohnes fuhren, der dort sein letzter sein sollte.

An den beiden folgenden Tagen erholte sich Peter etwas und wollte deshalb unbedingt selbst zum Geburtstag seiner jüngsten Tochter am 9. Juli nach Düsseldorf fahren.

Das war die letzte Fahrt seines Lebens.

Unsere Tochter hatte uns beide zum Abendessen in die Rheinterrassen eingeladen. Peter wollte wie immer aus unserer langen Einfahrt rückwärts auf die Straße steuern, wo ich schon stand und dort zusteigen wollte.

Es war schrecklich! Er hatte offensichtlich keine Gewalt mehr über sein rechtes Bein, denn er schoss plötzlich in ziemlich hohem Tempo schräg aus der Einfahrt heraus. Das Jägerzaunende zerkratzte die linke Seite seines Autos von vorn bis hinten. Meinen Mann, der sein Auto immer so pfleglich behandelt hatte, kümmerte der Unfall gar nicht, er schien ihn nicht wahrzunehmen, denn er stieg noch nicht einmal aus. Trotz meiner hellen Aufregung fuhren wir mit ihm am Steuer los.

Die Wildstraße schaffte er noch bis zum Ende, nach der Einmündung zum Triftweg kam dann aber das große Fiasko. Er gab zu viel Gas, verriss das Steuer, und wir landeten um ein Haar auf der Verkehrsinsel vor der Landstraße. Im letzten Augenblick griff ich ihm ins Lenkrad und zog vorsichtig die Handbremse, so dass wir nicht mit vollem Tempo über das Stoppschild auf die Durchgangsstraße fuhren, sondern der Wagen gemächlich ausrollte und auf der gegenüberliegenden Seite auf einem Feldweg zum Stehen kam.

In diesen Schrecksekunden geriet ich in Panik und schrie, er dürfe auf keinen Fall mehr sein Auto selbst weiterfahren.

Heute kann ich es mir sehr gut vorstellen, dass an jenem 9. Juli etwas in meinem armen Mann zerbrach, als ich ihm, im wahrsten Sinne des Wortes, das Steuer aus der Hand nahm. Er stieg ganz betroffen und ergeben in sein Schicksal aus und setzte sich auf den Beifahrersitz. Ich fuhr uns dann zum Geburtstagsessen unserer jüngsten Tochter nach Düsseldorf.

Das Abgeben des Steuers, das er so viele Jahrzehnte in allen Lebenslagen fest gehalten hatte und mit dem er immer verlässlich einen geraden Kurs gefahren war, war für meinen Mann sicherlich ein weiteres schmerzliches Zeichen, das aktive Leben endgültig verlassen zu haben.

Am 20. Juli 2001 ist mein geliebter Mann gestorben.

Hoffnung

Am heutigen Tag, Donnerstag, dem 20. Juli 2006, ist mein Mann schon fünf Jahre tot. Ähnlich wie zur Zeit seines Sterbens im Sommer 2001 liegt über unserem Land eine ungeheure Hitze mit Werten bis zu 37 Grad. Jetzt am Nachmittag höre ich von fern den Donner grollen. Ich hoffe auf eine baldige Abkühlung durch erquickenden Regen, fürchte mich aber gleichzeitig vor einem verheerenden Unwetter, das meinen Garten verwüsten könnte.

An so einem Gedenktag wie heute schweifen meine Gedanken in die Vergangenheit zurück und finden sich im ausgehenden Sommer des Jahres 2000 wieder.

Es war Anfang September, als wir mit dem Autoreisezug von Köln nach München fuhren und unseren Weg über die Alpen nach Kärnten fortsetzten. Hier wollten wir uns in dem klaren Spätsommerwetter von den Strapazen des Alltags zu Hause, wo Peters schwere Krankheit allzu gegenwärtig war, an Leib und Seele erholen.

Leider sollte dieser Wunsch nicht in Erfüllung gehen, da sich sein Gesundheitszustand gleich am ersten Tag verschlechterte. Er hatte starke Luftnot, war sehr schwach, und ihm war so übel, dass er fast jedes Nahrungsmittel verabscheute und deswegen so gut wie nichts mehr aß und trank. Er wurde apathisch und teilnahmslos, während ich vor Sorge um ihn ganz unruhig wurde und ständig über die Ursachen der Verschlechterung seines Befindens nachgrübelte.

Tatsache war, dass erst eine Woche vor unserer Abreise nach Kärnten Peters letzte Chemo gewesen war, die erfahrungsgemäß Nachwirkungen verursachte. Bisher hatten wir oft ohne Probleme eine Therapiepause für eine Reise genutzt, weil diese ihn immer sehr aufbaute. Da er aber bereits über zwei Jahre lang verschiedene Therapien verabreicht bekommen hatte, war es wohl die Summe aller Gifte, die seinen Körper allmählich überwältigte.

Ein Anruf bei dem Onkologen bestätigte dann noch zusätzlich meine Befürchtung, dass unsere Überquerung des Großglockners bis hinauf auf 2500 Meter Höhe wohl diese starke Luftnot ausgelöst haben könnte. Mir wurde am Telefon erklärt, dass eine geschädigte Lunge in dieser Höhe viel zu wenig Sauerstoff erhält, so vergleichbar, als wenn ein gesunder Bergsteiger auf 6000 Meter mit der dünnen Luft kämpft.

Peters Unwohlsein hatte sich schon auf dem Großglockner eingestellt, und bei der Abfahrt vom Pass musste er dringend eine Pause einlegen.

Er lenkte das Auto auf einen schattigen Platz an einen Feldrain, wo er sich auf der mitgebrachten Liege ausstrecken konnte. Dort war ihm so übel, dass er erbrach und erst nach längerer Zeit wieder weiterfahren konnte.

In seinem Telefonat riet uns der Onkologe dringend, am nächsten Tag einen Internisten zu konsultieren, der verschiedene Kontrolluntersuchungen bei meinem Mann durchführen sollte. Wir fuhren also — auf Empfehlung unserer Hotelbesitzer — nach Klagenfurt in die Praxis eines freundlichen, jungen Arztes. Dieser behandelte, nach unauffälligem EKG und Sonographie des Thorax, den Magen mit einem Säurehemmer und spritzte gegen den starken Abfall der Leukozyten ein stimulierendes Mittel.

Wir fühlten uns in der modernen, sehr hellen „Ordination" des Arztes, der seine neue Praxis mit Hilfe seiner sympathischen Frau führte, sehr gut betreut und schöpften Hoffnung, dass es meinem Mann bald wieder besser gehen würde und wir unseren Urlaub genießen könnten.

Während des fast einstündigen Gesprächs mit dem jungen Internisten und Onkologen, der immer wieder sehr genau die Krankenakte meines Mannes studierte, bemerkte dieser ganz unvermittelt, ihn befremde die Tatsache, dass der Primärtumor bei meinem Mann nie gefunden, aber anscheinend auch nie danach gesucht worden sei. Bei der Operation an der Lunge sei dort schon eine Metastase entdeckt und entfernt worden. Ohne den Ursprung eines Tumors zu kennen, sei aber eine Therapie wenig erfolgversprechend. Der versteckte Mikrotumor löse nämlich fortlaufend neues Krebswachstum aus, dessen man auch durch ständige Therapien nicht Herr zu werden vermag.

Ich verstand die angesprochene Problematik recht gut und wurde immer trauriger über die verpassten Chancen bei der frühen Krebsbehandlung meines Mannes und seiner jetzt schon fortgeschrittenen Erkrankung.

Dann sagte der junge Arzt die entscheidenden Sätze, die mich die nächste Zeit zu hoffnungsfrohen Träumen veranlassten. Es gäbe ein ziemlich neues Verfahren, den sogenannten PET-Scanner, der erfolgreich bei der Suche nach einem unbekannten Primärtumor eingesetzt würde. In Klagenfurt gäbe es einen Radiologen, der diese Untersuchungsmethode im Landeskrankenhaus einsetze.

Nachdem der junge Arzt für den nächsten Morgen einen Besprechungstermin mit dem Kollegen vermittelt hatte, der an dem Krankheitsbild meines Mannes aus wissenschaftlichen Gründen Interesse zeigte, endete seine Mission. Bei uns beiden blieb ein Gefühl großer Dankbarkeit für seine Hilfe zurück.

Am nächsten Morgen fanden wir an der nördlichen Peripherie von Klagenfurt das weitläufige Landeskrankenhaus und fragten uns zur Radiologie durch. Von außen wirkte das Gebäude durchaus zeitgemäß, im Innern wurden wir allerdings mit einer bedrückenden Krankenhausatmosphäre konfrontiert. Viele Menschen saßen in den Gängen und in kinoartigen Wartezonen, durch die Ärzte und Schwestern liefen, die die Namen von Patienten zur Behandlung aufriefen.

Meinen Mann überfiel sofort seine Krankenhausphobie, und er wollte so schnell wie möglich weg von diesem Ort.

Indes wurde uns eine Wartebank vor dem Sekretariat des Radiologen zugewiesen. Nach ein paar wenigen Minuten kam uns dieser persönlich an der Tür abholen und geleitete uns in sein Arbeitszimmer.

Als die Tür geschlossen wurde, ließen wir die Hektik des Krankenhausbetriebs hinter uns und nahmen in bequemen Ledersesseln Platz. Unser Gesprächspartner lehnte sich nun erwartungsvoll zurück und schien alle Zeit der Welt für uns zu haben.

Durch die ruhige, persönliche Ausstrahlung des Arztes fand mein Mann seine Fassung wieder und konnte mit fester Stimme seinen Krankheitsverlauf fast objektiv schildern. Er blätterte dabei in seiner Akte und las einige Passagen, auch Zahlen, daraus vor. Sehr interessiert kniete sich der Arzt an einigen Stellen neben ihn, um wichtige Tatbestände selbst mitlesen zu können.

Als der zweieinhalbjährige Leidensweg meines Mannes ihm in groben Zügen bekannt war, lehnte sich der Arzt wiederum in seinem Sessel zurück. Er erläuterte uns den PETScanner, mit dessen Hilfe bei einem Menschen in seinem ganzen Körper das Tumorgeschehen abgebildet werde könne. Auch Mikrozellen eines Krebses könnten erkannt werden, weshalb auch zu einem hohen Prozentsatz ein unbekannter Primärtumor gefunden werden könne. Dauer und Dosierung der Chemotherapie könnten auf diese Art und Weise fein abgestimmt werden und sehr zur Vermeidung von unnötigem Leiden des Krebspatienten beitragen.

Der Arzt bedauerte zutiefst, dass diese Suche bei meinem Mann vor oder nach der Lungenoperation im März 1998 nicht durchgeführt worden sei, obwohl die PET-Methode in Deutschland bereits seit 1990 bekannt sei und in einigen Universitätskliniken auch eingesetzt werden könne. Auf unsere Frage wurde dies in einem spontanen Telefonat mit dem Sekretariat des entsprechenden Kollegen in Köln bestätigt, was uns sehr erfreute und uns wieder neue Perspektiven für einen positiven Verlauf der Krankheit nach unserer Heimkehr Ende September aufzeigte.

Nach ungefähr 30 Minuten stand mein Mann schließlich auf, bedankte sich bei dem Arzt für das gute Gespräch und wollte seine Personalien hinterlassen, um das Honorar zu begleichen. Der Professor lächelte nur sehr freundlich, gab uns zum Abschied die Hand und sagte, wie man in Österreich zum Ausdruck bringt, alles sei in Ordnung: „Es passt!"

Sosehr uns die Untersuchungsmethode der Radiologie in Kärnten überzeugt hatte, so mussten wir doch zu Hause die Meinung unseres Onkologen akzeptieren, der dieses Verfahren bei meinem Mann zum damaligen Zeitpunkt für nicht mehr sinnvoll hielt.

Im Nachhinein vermute ich, dass er die Aussichtslosigkeit des Kampfes gegen die fortgeschrittene Krebserkrankung meines Mannes längst erkannt hatte.

Das alte Ehepaar

Um meinem kranken Mann die großen Strapazen einer langen Reise zu ersparen, fuhren wir eines Sommertags in mehreren Etappen nach Bad Tölz, wo uns von Freunden ein kleines Hotel empfohlen worden war.

Zu den Gästen dieses hübschen Hauses gehörte auch ein altes Ehepaar, das mich in den wenigen Tagen unseres Aufenthaltes sehr beeindruckte. Er war ein recht rüstiger Achtzigjähriger, seine Frau hingegen, die sicherlich ebenso alt war wie er, war völlig auf seine Hilfe angewiesen, denn sie war blind.

Wie ich im Laufe der Zeit erfuhr, bestand diese Behinderung bei ihr nicht von Geburt an, sondern hatte sich im Alter durch eine fortschreitende Augenkrankheit manifestiert. Da sie einen rührend besorgten Mann an ihrer Seite hatte, fiel es ihr offensichtlich leicht, sich mit ihrem Schicksal abzufinden, denn sie wirkte fröhlich und unkompliziert.

Mit Freude beobachtete ich die beiden, wenn sie morgens in die behagliche Bauernstube kamen. Er hatte seine Frau fest im Arm und führte sie zu ihrem Tisch, wobei er sie unterwegs vor den Tücken eines Flickenteppichs warnte und zur rechten Zeit ihren Stuhl zurückschob, um sie anschließend nahe an den Tisch zu schieben. Dort saß sie dann ganz geduldig, aufrecht, faltete ihre Hände und wartete.

Wie jeden Morgen war sie fein herausgeputzt, trug oft ein blütenweißes Kostüm und ein Seidentuch um den Hals geschlungen. Sie hatte Schmuck angelegt, Ringe, Ketten und sogar eine kleine goldene Uhr. Ihre grauen Haare waren immer sorgfältig frisiert, die Fingernägel rot lackiert, so dass sie den Anblick einer sehr gepflegten alten Dame bot. Mein Mann und ich stellten uns jeden Morgen vor, mit welcher Geduld und Liebe dieser alte Herr seine blinde Frau zurechtgemacht hatte.

Nachdem er sie sicher am Tisch platziert hatte, begann er mit seinen Aktivitäten. Er bestellte bei der Bedienung die Getränke für beide und holte im Nebenraum vom Frühstücksbuffet verschiedene Köstlichkeiten, die er dann am Tisch zunächst für seine Frau anrichtete. Er öffnete das Ei, stellte es vor sie hin und gab ihr den Löffel in die Hand. Später führte er ihre Hand zur Kaffeetasse oder zu einem kleinen Brot, das er für sie belegt hatte. Sie äußerte nie eigene Wünsche und akzeptierte kommentarlos die Fürsorge ihres Mannes. Nur manchmal legte sie ihre Hände neben den Teller und sagte: „Ich esse nichts mehr!" Ihr Mann vermied es dann, ihr auch nur noch die kleinste Portion aufzudrängen.

Dies alles verlief immer in ruhiger Atmosphäre an unserem Nebentisch.

Die überaus liebevolle Art des alten Herrn beeindruckte mich auch noch in anderer Hinsicht. Im Laufe der folgenden Tage konnte ich nämlich feststellen, dass die betagte Dame nicht nur blind war, sondern auch an einer fortgeschrittenen Altersdemenz litt. Sie war zu Tischgesprächen nicht mehr fähig, weil sie auf die Stufe eines kleinen Kindes zurückgefallen war. Er aber behandelte sie weiter so, als sei sie seine ernstzunehmende Frau.

Es war rührend, mit welcher Geduld er ihre einfachen, immer wiederkehrenden Fragen beantwortete. „Wo sind wir denn hier?" „Wir sind in dem Hotel in Bayern, das du gut kennst, weil wir hier schon 14-mal im Urlaub waren." Am nächsten Tag glaubte sie, auf Langeoog zu sein. „Wo sitze ich denn hier?" „Du sitzt in der Bauernstube des bayrischen Hotels, links vorn ist der Kachelofen, der dir immer so gut gefiel." Ein anderes Mal war sie beim Eintreten in den Frühstücksraum verunsichert und bemerkte leise: „Was muss ich denn hier tun?" „Wir wollen doch hier frühstücken, Henne!" Sie entgegnete ungehalten: „Ich muss immer essen!"

Eines Morgens brachte die Bedienung das Mobiltelefon des Hotels an den Tisch des Ehepaares. Der alte Herr übernahm zunächst den Hörer, gab diesen aber unmittelbar an seine Frau weiter, nachdem er eine „Inge" begrüßt und diese seine Frau zu sprechen verlangt hatte. Frau Henne plapperte nun recht angeregt mit jener Inge über allerlei Belanglosigkeiten aus dem häuslichen Bereich. Das war für sie ein vertrautes Thema, und sie wirkte munter, wiederholte sich allerdings oft in dem, was sie fragte und erzählte.

Nachdem das Telefongespräch beendet war, richtete sie sich an ihren Mann: „Warum hast du denn nicht mit Inge geredet?" Freundlich wie immer antwortete er ihr: „Sie wollte nicht mit mir sprechen, sie hat gleich nach dir verlangt. Ich bin doch ein Nullum! Aber das ist mir egal. Die Hauptsache für mich ist, dass es dir gut geht, Henne!"

Wie klein ist doch die Welt

„Wo sollen wir gleich hingehen?"

Wir waren ein kleiner Freundeskreis, der schon seit Jahren ein Abonnement in der Kölner Philharmonie hatte. Nach dem Konzert pflegten wir in eines der umliegenden Lokale zu einem kleinen Imbiss zu gehen.

„Ach, gehen wir doch ins „Chalet Suisse!", ertönte es meist spontan aus der Runde. Das „Chalet Suisse" hatte es uns allen nämlich besonders angetan. Wenn wir vom Eingang am südlichen Roncalliplatz über die Wendeltreppe ein Stockwerk hinunterstiegen, umfing uns eine angenehme und anheimelnde Umgebung. Das Lokal war mit hellem Holz vertäfelt, edle rustikale Decken lagen auf den Tischen, ebensolche Kissen sorgten auf den Armstühlen für Bequemlichkeit, und manche Nischen waren wie ein Alkoven mit kleingemusterten, leinenen Gardinen abgetrennt. An manchen Tagen versetzte ein Zitherspieler die Besucher in die Bergwelt der Schweiz.

In diesem geschmackvollen Gastraum passten die freundlichen Servierinnen, die in Kleidern im Landhausstil bedienten und durch gepflegte Frisuren und ein dezentes Make-up auffielen. Wir bestellten oft die Rösti-Spezialitäten oder, wenn wir Zeit hatten, ein Käse-Fondue, das uns gekonnt und liebenswürdig gereicht wurde. Da wir sehr oft im „Chalet Suisse" einkehrten, wurden uns die Kellnerinnen vertraut, sie erkannten und begrüßten uns, und wir wechselten ein paar Worte mit ihnen. Sehr oft kam „Evelyn" an unseren Tisch. Sie war eine kleine hübsche junge Frau mit einem dunkelhaarigen Pagenkopf und einem gewinnenden Lächeln. Später erfuhren wir, dass sie aus Kanada stammte und jedes Jahr zum Besuch ihrer Mutter dorthin flog.

So behielt ich Evelyn im Gedächtnis.

Eines Tages erlebten wir dann eine unschöne Überraschung, als wir nach einem Konzertabend in unseren geliebten Keller hinabsteigen wollten. Wir fanden das Lokal verschlossen! Das „Chalet Suisse" gab es fortan nicht mehr. Das einer großen Restaurantkette zugehörige Haus, das immer sehr gut besucht gewesen war, gehörte nun der Vergangenheit an, was wir alle sehr bedauerten.

Viele Jahre später hatte ich dann folgendes Erlebnis: Nach einigen Besorgungen in der Innenstadt blieb mir noch etwas Zeit bis zu einer verabredeten Führung durch eine Ausstellung im Wallraf-Richartz-Museum, und ich dachte, ein kleiner Mittagsimbiss wäre jetzt das Richtige für mich. Also betrat ich eines dieser neu eröffneten und ständig den

Besitzer wechselnden kleinen Bistros unterhalb des Roncalliplatzes. Es war eine billige Pizzeria mit einfachen blanken Holztischen und -stühlen. Das Mobiliar konnte die Spuren von Jahren nicht verleugnen, und der Gastraum war nüchtern, hoch und wenig einladend. Ich setzte mich an einen der vorderen Tische, von denen nur sehr wenige mit jungen Leuten und eiligen Touristen besetzt waren.

Dann kam eine Kellnerin auf mich zu, die so gar nicht in diese Umgebung passte. Sie war mittleren Alters, gepflegt gekleidet, hatte ihre dunklen Haare zum Pagenkopf geschnitten und lächelte mich warmherzig an, als sie meine Bestellung entgegennahm, und auch später, als sie das Gewünschte brachte. Ich beeilte mich, mein bescheidenes Mittagsmahl in dieser kargen Umgebung zu beenden, und rief sie bald zum Bezahlen zu mir.

Als sie so an meinem Tisch stand, freundlich lächelnd, hatte ich plötzlich einen Geistesblitz, diese Frau schon einmal gesehen zu haben. Während ich aufstand, fragte ich sie: „Kann es sein, dass Sie früher im „Chalet Suisse" gearbeitet haben?" Sie schaute mich an, verwundert, völlig fassungslos, und ihre Augen verdunkelten sich in der Erinnerung an ihr einstiges gehobenes Arbeitsmilieu: „Ja, aber das ist doch schon zwanzig Jahre her! Habe ich mich in dieser Zeit so wenig verändert, dass Sie mich wiedererkannt haben?"

Sie war Evelyn, und sie strahlte!

Meine Frage hatte sie als Kompliment für sich empfunden und so das Beste aus der Situation gemacht. Aus diesem Grunde verließ ich dieses wenig einladende Lokal doch mit einem warmen Gefühl im Herzen. Dass sich die Geschehnisse dieser Geschichte eines Tages zu einem Kreis schließen würden, habe ich damals noch nicht geahnt.

Vor wenigen Jahren besuchte ich mit einer meiner Enkelinnen das Café-Restaurant „Haus am See", das am westlichen Stadtrand gelegen und einer der altehrwürdigen Gastronomiebetriebe Kölns ist. Wir genossen die untergehende Sonne am See und waren sehr zufrieden. Nach dem Bezahlen gingen wir durch das Restaurant zum Eingangsbereich.

Dort stutzte ich, als ich an einer Kellnerin vorbeikam. Sie war sorgfältig geschminkt und entsprechend dem Stil des Hauses gekleidet. Was mich hinderte, sie gleich wiederzuerkennen, waren ihre blond-grauen Haare, die aber nach wie vor zu einem Pagenkopf geschnitten waren. Als ich mich ihr näherte, lächelte sie mich warmherzig an und wirkte erwartungsvoll. Jetzt wusste ich es — trotz der veränderten Haarfarbe, die mich irritiert hatte:

Es war Evelyn!

„Wie schön, Sie an einem solch angenehmen Ort wiederzutreffen", beglückwünschte ich sie. Sie fiel mir um den Hals, als sie merkte, dass ich sie wiedererkannt und nach all den Jahren nicht vergessen hatte. „Ja, ich bin schon 6 Jahre hier und fühle mich hier sehr wohl. Wie klein ist doch die Welt!" Sie war nun auch sichtbar älter geworden. Ihre Mutter in Kanada war im vorigen Jahr gestorben, und sie wollte in Zukunft nicht mehr dorthin reisen.

Als ich so mit Evelyn sprach, kam die Chefin des Hauses, Frau Beck, zu uns. Sie bezeichnete Evelyn als eine unentbehrliche Kraft in ihrem Restaurant. Das konnte ich nur bestätigen, denn am Nachmittag hatte sie ihr Können zusammen mit ihrem netten Kollegen unter Beweis gestellt, als sie 36 recht anspruchsvolle Damen bei einem Bridgenachmittag souverän, zuvorkommend und liebenswürdig bedient hatte. Mit ihrem charmanten Lächeln hatte sie schnell eine Wohlfühlatmosphäre in diesem weitläufigen Haus geschaffen.

Für mich war es bewegend, das Schicksal eines mir persönlich nicht nahestehenden Menschen über Jahrzehnte aus der Distanz miterleben zu können.

Ein Blumenstrauß

Heute hatte ich Zeit, einen Blumenstrauß auf das Grab der Mutter einer Freundin zu stellen. Ich war zwar auf deren Beerdigung gewesen, musste aber damals vorzeitig nach Hause eilen, weil es meinem Mann gesundheitlich sehr schlecht ging und er mich brauchte.

An diesem Sommertag hatte ich bei meiner Floristin einen Strauß aus lachsfarbenen Rosen und weißen „Jungfer im Grünen" binden lassen, und ich machte mich am späten Vormittag auf den Weg zum Grab der Mutter.

Als ich aus dem Auto stieg, regnete es in Strömen, was ich nicht bedacht hatte, denn ich trug leichte Sommersachen und Sandalen. Ungeachtet des misslichen Wetters spannte ich entschlossen den Regenschirm über mich und mein Blumenarrangement auf und lief los, glaubte ich doch, die Lage der Grabstelle, die sich in meiner Erinnerung unweit der Trauerhalle befand, von der Beerdigung her genau zu kennen. Es schüttete vom Himmel, und ich wurde immer nasser, während ich die Grabreihen in der Nähe der Leichenhalle absuchte und nach einem rosafarbenen Grabstein Ausschau hielt.

Ich hatte die Mutter der Freundin nicht persönlich gekannt, daher war mir ihr Nachname nicht geläufig. In meinem Gedächtnis war es ein ausdrucksstarker, „blumiger" Name. Nur fiel er mir zu allem Unglück im Augenblick nicht ein. Es gab viele bemerkenswerte Grabsteine an meinem Wege, zum Teil mit bekannten Namen, aber der von mir gesuchte, besondere war nicht unter ihnen.

Plötzlich erfasste mich ein Schauder, weil ich Schritte hinter mir auf dem Kiesboden knirschen hörte. Ich fürchtete mich sehr, so allein auf dem mit Bäumen und Büschen bestandenen Friedhof. Zeitungsberichte mit schaurigen Meldungen von überfallenen oder sogar von Räubern attackierten Frauen schossen mir durch den Kopf. Sollte ich in eine solch gefährliche Situation geraten sein?

Ich wollte schon zum Weglaufen ansetzen, da siegte doch meine Neugier, und ich drehte mich um. Da sah ich einen alten Herrn um die Ecke biegen, der wegen des schlechten Wetters seinen Schritt beschleunigt hatte und mit einer roten Kerze in der Hand dem Grab seines Angehörigen zustrebte. „Du schaust zu viele Krimis im Fernsehen!" hätte mein Sohn in diesem Moment gesagt.

Erleichterung stellte sich bei mir ein, ich vergaß meine Angstgefühle und witterte stattdessen eine Chance, dass mir der Mann bei meiner Suche nach der besagten Grabstelle behilflich sein könnte. Aber er entpuppte sich nur als ein Friedhofsbesucher, der mir nicht viel sagen konnte.

Also lief ich im strömenden Regen weiter, ohne Erfolg! Der linke Ärmel meiner hellen Sommerjacke war inzwischen dunkel vom Regenwasser geworden, und in meinen Nacken floss unaufhörlich die Feuchtigkeit. Schließlich ging ich zum Auto zurück, legte den Blumenstrauß traurig in den Kofferraum und fuhr nach Hause zurück, um mir trockene Kleidung anzuziehen.

Während der Fahrt grübelte ich unentwegt über diesen besonderen Namen der Mutter nach, erwog diesen und jenen wohlklingenden, bis mir plötzlich, wie mit einem Geistesblitz, die richtige Eingebung kam.

An einer roten Ampel schrieb ich gleich den Namen auf einen Merkzettel, damit er mir nicht wieder abhandenkommen konnte.

In meiner Unternehmung war ich also einen Schritt weitergekommen, und ich wollte einen zweiten Versuch, das Grab zu finden, am frühen Abend desselben Tages starten.

Es regnete nur noch mäßig, so dass der aufgespannte Regenschirm meine Kleidung trocken hielt. Ich nahm also noch einmal den Blumenstrauß aus dem Kofferraum und ging guten Mutes in den Friedhof hinein.

Nachdem ich zunächst die linke Seite des Hauptweges, die ich am Morgen ausgespart hatte, suchend entlangging, lenkte ich meinen Schritt, einer plötzlichen Eingebung folgend, entschlossen den breiten Weg geradeaus, immer das Schriftbild des besonderen Namens vor meinen geistigen Augen.

Ich brauchte dieses Mal nur eine kurze Zeit des Suchens, dann lief ich geradewegs auf einen rosafarbenen Granitgrabstein zu, auf dem der Name der Mutter meiner Freundin zart eingraviert war.

Ich war am Ziel und sehr angetan von der Lage und Gestaltung des Grabes, das eine wohltuende Wirkung auf mich hatte.

Es war sparsam und geschmackvoll bepflanzt, und das gesteckte Rosenherz war sehr persönlich. Ich stellte meinen Blumenstrauß links neben den Grabstein, und siehe, er passte dazu, wie dafür geschaffen.

Der Onkologe

„Ich gehe nie wieder in dieses schreckliche Krankenhaus!" Das stellte mein Mann fest, als er im Sommer1998 nach zwei Aufenthalten im Klinikum Köln-Merheim endlich nach Hause entlassen werden konnte. Daraus entwickelte sich eine allgemeine Krankenhausphobie.

Zunächst hatte sich Peter im März desselben Jahres einer Operation an der Lunge unterziehen müssen, nachdem in einem bildgebenden Verfahren ein etwa erbsengroßer Fremdkörper entdeckt worden war. Am Anfang war es noch nicht klar, ob dieser gut- oder bösartig war. Nach der Operation aber stand eindeutig fest, dass mein Mann Krebs hatte, dass dieser Krebs gestreut hatte und dass der Fremdkörper in der Lunge schon eine Metastase war.

Somit wurden wir mit der traurigen Gewissheit konfrontiert, dass die Krebskrankheit meines Mannes nicht mehr geheilt, sondern nur noch palliativ behandelt werden konnte. Für uns alle war das ein Schockerlebnis.

In den folgenden Tagen bildete sich dann im Rippenfell fortlaufend ein mit Krebszellen verseuchtes Wasser, das mit einem schmerzhaften Verfahren abgepumpt werden musste.

In diesen Wochen magerte Peter erschreckend ab und erholte sich nur langsam. Wir umsorgten ihn liebevoll. Die Kinder besuchten ihn häufig im Krankenhaus, und die kleinen Enkelinnen erfreuten ihn mit ihrer unbefangenen Kindlichkeit, mit selbstgemalten Bildern und lustigen kleinen Geschenken.

Ich fuhr jeden Tag von Königsdorf nach Köln-Merheim, eine extrem stark befahrene Strecke von circa zwanzig Kilometern. In dieser außergewöhnlichen Situation lernte ich es, Autobahn zu fahren, was ich vorher immer vermieden hatte. Ich konnte den Innen- und die Außenspiegel benutzen und mich im Straßenverkehr lange Zeit konzentrieren.

Wenn ich dann nach einer anstrengenden Fahrt zum Krankenhaus viele Stunden bei meinem kranken Mann, eingebunden in den Krankenhausbetrieb, geblieben war und am Abend wieder nach Hause fahren musste, merkte ich, dass ich fast am Limit meiner Kräfte angekommen war. Aber ich hatte auch dann noch keine Ruhe, weil viele Menschen, Familie und Freunde, den ganzen Tag über auf den Anrufbeantworter gesprochen hatten und ich deren Fragen nach dem Gesundheitszustand meines Mannes am selben Abend noch beantworten wollte.

In dieser Zeit war ich sehr gestresst, müde und niedergeschlagen, weil ich wusste, dass mein Mann nie mehr gesund werden, ich aber sein Leiden weiter mittragen würde.

Im Anschluss an den Krankenhausaufenthalt mussten wir uns Gedanken darüber machen, wie die notwendige Chemotherapie durchgeführt werden sollte. Da turnusmäßige stationäre Klinikaufenthalte wegen des oben genannten Grundes für meinen Mann nicht in Frage kamen, galt es, einen Onkologen zu finden, der in seiner Praxis eine ambulante Therapie durchführen konnte.

Von einer Bekannten in unserem Chor erfuhren wir schließlich die Adresse des Onkologen, der in den nächsten drei Jahren meinen Mann betreuen sollte.

Dieser Arzt war ein großer Glücksfall für uns. Er war ein unkonventioneller Mann mittleren Alters, der meinem Mann sehr empathisch entgegenkam und sehr schnell eine vertrauensvolle Beziehung zu ihm aufbauen konnte.

So schlimm die regelmäßigen Sitzungen zum Verabreichen der Chemo auch waren, so schaffte er es immer, in therapiefreien Etappen seinen Patienten körperlich und seelisch wieder aufzubauen. Er nahm sich Zeit für Gespräche, und wenn wir beide ihm an seinem Schreibtisch gegenübersaßen, konnten wir jedes Mal, für die nächsten Wochen getröstet, seine Praxis verlassen.

Da er wusste, dass mein Mann und ich gern verreisten, überlegte er sehr genau mit uns, in welcher Zeit einer Therapiepause das Reisen gesundheitlich vertretbar war. Wir mussten uns aber seinem Therapieplan beugen, denn die Blutwerte mussten regelmäßig bestimmt und gegebenenfalls medikamentös aufgebessert werden.

Das ging die ersten beiden Jahre sehr gut. Wir unternahmen geführte Studienreisen zum Polarkreis, nach Island, nach Rhodos, oder selbstorganisierte innerdeutsche kleine Trips, Städte- und Kunstreisen.

Seiner Ansicht nach hatte mein Mann einen sogenannten „Haustierkrebs", das heißt, einen Krebs, der sich ruhig verhielt und mit dem er noch lange leben könnte.

Jedoch hatte der Onkologe die Art der Erkrankung zu positiv eingeschätzt. Er wurde total überrascht, als plötzlich Metastasen im Gehirn meines Mannes auftauchten, wie Anfang Juli in einem MRT festgestellt wurde.

Es gab eine anrührende halbe Stunde, als der Radiologe uns diese traurige Nachricht überbringen musste. Er kniete sich neben den Stuhl meines Mannes, nahe zu ihm, um ihm den Stand seiner Krebskrankheit besser erläutern zu können. Dabei merkte ich, dass der junge Arzt weinte, als er das Todesurteil aussprechen musste.

Auch der Onkologe meinte, dass bei dem starken Befall des Gehirns mit Metastasen eine Therapie nicht mehr möglich sei. Es gab wohl noch eine vage Hoffnung, eine Bestrahlung zu versuchen, die aber nicht sicher die Krankheit aufhalten würde.

Ich ahnte, dass mein Mann des Kämpfens müde war und sich dem unausweichlichen Tod ergab. Mein Kampfgeist jedoch war noch nicht erlahmt: „Wir haben unser ganzes Leben lang die Schicksalsschläge nicht einfach hingenommen, sondern immer bis zum Schluss versucht, sie zu beeinflussen und zum Guten zu wenden", wandte ich mich entschlossen an Peter.

Dieser war von der Situation überfordert, weil er schon ganz weidwund und kraftlos war. Deshalb wollte ich für ihn kämpfen! Unter meinem Druck willigte er schließlich in die Bestrahlung ein, und wir konnten die erste Sitzung für den 20. Juli festmachen.

Dazu sollte es aber nicht mehr kommen. Am 15. Juli musste ich meinen Mann ins Krankenhaus bringen lassen, wo er am 20. Juli verstarb.

Später, am 15. September 2001, rief ich bei dem Onkologen an. Dass dieser sich seit dem Tod meines Mannes bis dahin nicht gemeldet hatte, hatte mich sehr bedrückt und gequält. Er war offensichtlich überrascht, aber auch erfreut, meinen Namen zu hören.

Ich fragte ihn, weshalb er sich nach dem immerhin acht Wochen zurückliegenden Tod meines Mannes nicht bei mir gemeldet hatte.

Der Arzt versicherte mir, dass er in den Tagen des Krankenhausaufenthaltes ständig mit dem verantwortlichen Kollegen telefoniert habe und so immer über den Stand der Dinge genau informiert war. Das wusste ich nicht, musste ihm das aber glauben. Ich weinte bei dem Gespräch und konnte manchmal kaum sprechen.

Er ließ sich dahingehend ein, dass sein Beruf als Onkologe sehr schwer sei und dass er viel Kraft aufbringen müsse, um die Kranken immer wieder aufzurichten und positiv einzustellen. Das hatten wir oft genug erlebt! Da die vielen Todesfälle unter seinen Patienten ihm sehr zu schaffen machten, müsse er sich selber vor allzu viel Mitgefühl schützen.

Er habe zu meinem Mann und mir ein besonders gutes Verhältnis gehabt, und deshalb sei ihm dessen Tod auch besonders nahe gegangen. Schon oft habe er, insbesondere bei Todesfällen von Angehörigen oder Freunden, seinen Beruf aufgeben wollen, weil er die seelische Belastung kaum habe ertragen können. Kondolenzschreiben verfasse er grundsätzlich nicht. Ich könne ihm allerdings glauben, dass er mich in diesen Tagen, nach einer gewissen Zeit des Abstands, angerufen und sich nach meinem Befinden erkundigt hätte.

Ich sagte ihm, dass ich seine medizinischen Qualitäten nie angezweifelt habe, dass ich aber sehr enttäuscht von seiner fehlenden Reaktion auf den Tod meines Mannes, den er über drei Jahre intensiv betreut habe, gewesen wäre.

Sein Schweigen hatte mich acht Wochen lang beschäftigt und traurig gestimmt. Ich hatte mich geradezu in meinen Kummer über seine vermeintliche Lieblosigkeit hineingesteigert.

Im Nachhinein bin ich sehr froh, dass ich die Initiative zu dem Telefonanruf ergriffen habe. Mit diesem fähigen und menschlichen Arzt habe ich jetzt Frieden geschlossen, weil ich seine Erklärung über sein Schweigen annehmen konnte.

Vorlesen

Als wir im Jahre 1965 ins Umland von Köln zogen, siedelten sich viele junge Familien mit ihren Kindern in diesem ländlichen Gebiet an. Die Eltern befreundeten sich untereinander, die Kinder spielten miteinander und gingen später zusammen zur Schule.

Eines Tages wurde in der Königsdorfer Grundschule von den Klassenlehrerinnen ein „Lesemarathon" ins Leben gerufen, um die Kinder zu einem lustvollen Lesen hinzuführen. Die Bedingungen wurden klar umrissen: Für jede vorgelesene Seite eines Buches sollten Eltern oder Großeltern eine bestimmte Summe bezahlen, die dann der Schule bei der Anschaffung von Pausenspielen zugutekommen sollte.

In diesem Zusammenhang hörten wir von einer befreundeten Familie eine spaßige Geschichte. Nachdem die Enkelkinder Julia und Steffi den Großeltern mehrere Seiten eines Buches vorgelesen und dafür auch das Geld bekommen hatten, berichteten sie am nächsten Tag in der Schule stolz von ihrem Erfolg, und Julia fragte die Lehrerin: „Können wir denn nicht auch Tieren vorlesen?" Als diese bejahte, stürmten die Mädchen am Nachmittag wieder zu den Großeltern. Diese hielten auf der Wiese hinter dem Haus ein Pony namens Moritz, das den Kindern sehr vertraut war.

Die beiden Kinder teilten also ihre Idee, heute dem Pony etwas vorzulesen, den Großeltern mit, und Oma Hilde fragte: „Wer soll denn das bezahlen?" „Die Besitzer natürlich!", antwortete Julia schlagfertig.

Daraufhin holte unsere Freundin Hilde einen Karton mit Pixi-Büchern. Beide Mädchen setzten sich auf Gartenstühle an den Zaun und lasen dem Pony Moritz abwechselnd Seite um Seite aus den Büchlein vor. Moritz legte dabei seinen Kopf auf das oberste Zaunbrett, rührte sich nicht von der Stelle und schien aufmerksam zuzuhören.

Dem über vierzig Jahre alten Pferdchen, das bei den Großeltern sein Gnadenbrot bekam, tat die lange persönliche Ansprache der Kinder offensichtlich sehr gut. Die Mädchen wiederum freuten sich über die gelungene Vorlesestunde, die mit klingender Münze bezahlt wurde.

Am nächsten Tag fanden sich Julia und Steffi wieder im Garten der Großeltern ein. Dieses Mal hatten sie von zu Hause einen Karton mit eigenen Pixi-Büchern angeschleppt. Oma Hilde war verwundert: „Ihr könnt doch wieder aus meinen Büchern vorlesen." Da entrüstete sich Steffi: „Deine Bücher kennt der Moritz doch schon, heute wollen wir ihm etwas Neues vorlesen!"

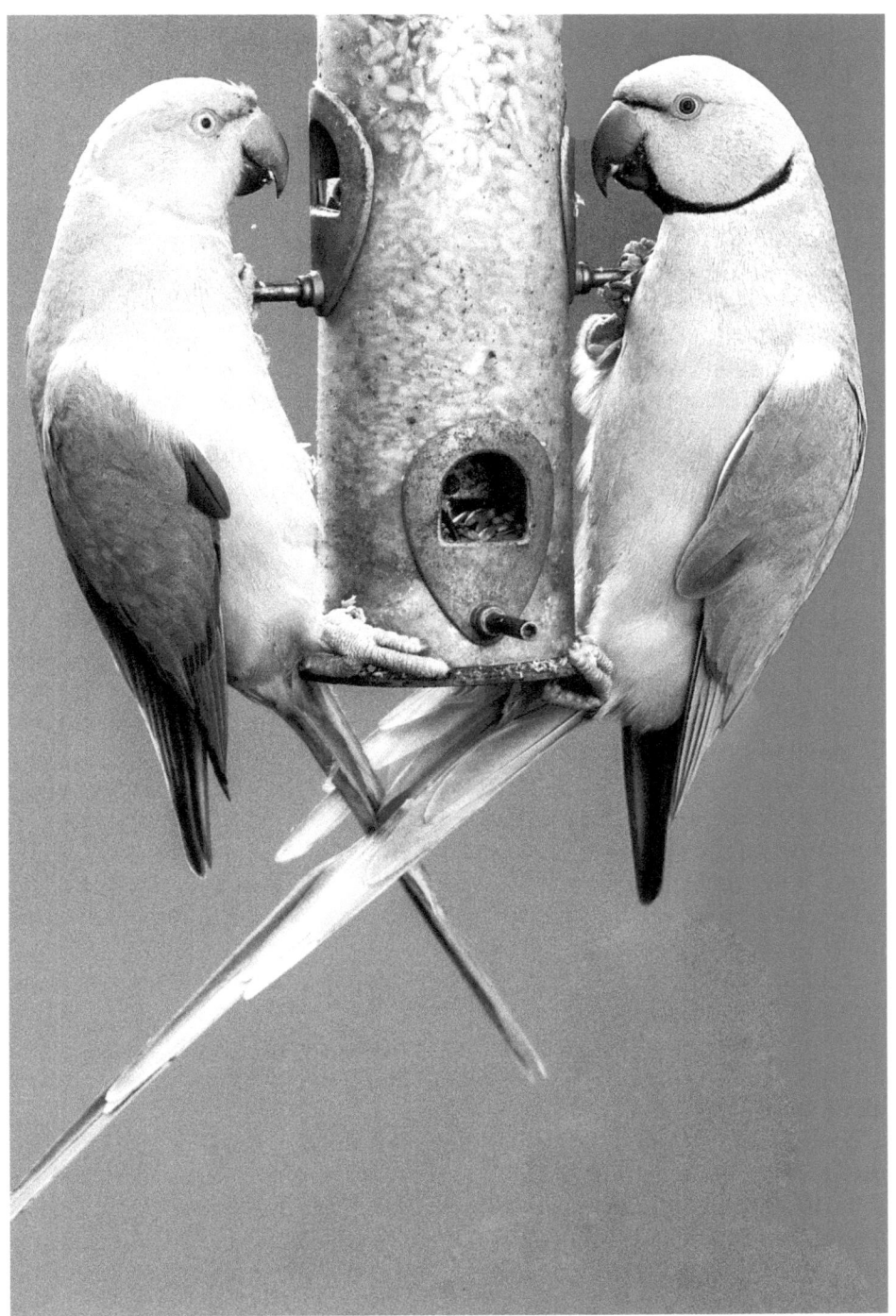

Der Scharlatan

Eines Tages rief der Vorsitzende unseres Tennisclubs bei uns an, und weil mein Mann nicht zu Hause war, hatte ich ein langes Gespräch mit ihm. Er erzählte mir von seiner Krebserkrankung, die er mit speziellen, hoch dosierten Vitaminpräparaten und Nahrungsergänzungsmitteln behandle. Auf diese Weise hoffe er, den Krebs besiegen zu können. Er glaube an die Methode eines gewissen Dr. Rath, und deshalb schlug er mir vor, sie auch bei meinem krebskranken Mann einzusetzen.

Ich hatte bis dahin noch nie etwas von dem deutschen Arzt Dr. Matthias Rath gehört, der seine Zellularmedizin entwickelt hatte, die aber in der Wissenschaft umstritten war. In Deutschland war seine Heilmethode verboten, und er konnte sie dort nicht praktizieren. Also umging er dieses Verbot und verkaufte seine hochpreisigen Präparate von seinem Firmensitz in den Niederlanden per Postversand.

Das Bild, das ich von diesem Wunderheiler gewann, war verschwommen und wenig aussagekräftig. Und doch stürzte ich mich auf diese Neuigkeit wie auf einen rettenden Anker. Ich war zutiefst aufgewühlt und griff nach jedem Strohhalm, der meinen Mann von dem Krebs hätte befreien können. Hinzu kam, dass mich die Werbeaktionen für die von Dr. Rath vertriebenen Produkte stark beeindruckten, die ihn nahezu wie einen Heiligen inszenierten.

Ich war gefangen im Netz der Behauptungen dieses Scharlatans, konnte nicht mehr richtig denken und hatte als Ziel nur noch die Gesundung meines Mannes mit dessen Heilmethode vor Augen. Ich wollte Peter doch nicht gehen lassen und dachte, ich könnte für ihn um sein Leben kämpfen! Er war gerade erst pensioniert worden, und wir hatten noch so viele gemeinsame Pläne.

Also fuhr ich eines Tages mit einer verständnisvollen Bekannten zu einem Vortrag von Dr. Rath nach Essen in die Grugahalle. Den hohen Eintritt zahlte ich gern, weil ich den Arzt persönlich kennenlernen wollte. Von seinen Ausführungen versprach ich mir mehr Information und einen besseren Durchblick.

Viele, meist weibliche Anwesende lauschten dem Redner gebannt und hingen an seinen Lippen. Ihr hohes Maß an Verehrung zeigten sie ihm durch anhaltenden Applaus und Standing Ovations. Meine Begleiterin und ich blickten uns allerdings am Ende unsicher an, denn unsere offenen Fragen waren nicht beantwortet worden, und ich war so klug wie zuvor.

Und dennoch ließ mich die Vision, dass der Krebs meines Mannes besiegt werden könnte, nicht los. Naiv bestellte ich von Listen ohne genauere Indikation oder weitere Erklärungen hoch dosierte Vitamindragees und verschiedene Nahrungsergänzungsmittel, die ein Vermögen kosteten. Im Nachhinein warf man Dr. Rath vor, ein gut gehendes Geschäft mit den Hoffnungen todkranker Menschen betrieben zu haben.

Mein armer Mann nahm diese Präparate auf meine Bitte hin anfangs klaglos ein. Als seine Erkrankung aber immer weiter fortschritt, konnte und wollte er die dicken Tabletten nicht mehr schlucken, sie blieben ihm buchstäblich im Halse stecken.

Obwohl er mir leidtat, fiel es mir schwer, in die Beendigung dieser Behandlung einzuwilligen. Ich konnte mich letztlich aber nicht vor der Tatsache verschließen, dass sein Krebs trotz der vielen Präparate immer weiter gewachsen war. Schließlich musste ich einsehen, dass wir beide den Kampf gegen seine Krebskrankheit verloren hatten.

Auch im Spätstadium seiner schweren Krankheit wurde mein Mann von seinem fähigen Onkologen begleitet, denn wir hatten nicht alles auf die alternative Behandlung gesetzt. Parallel dazu unterzog er sich weiterhin der konventionellen Krebstherapie, die sein Leben möglicherweise ein Stück verlängerte.

Abschiednehmen

Im Sommer 2000 litt mein Mann schon mehr als zwei Jahre unter seiner Krebskrankheit. Durch die vielen Chemotherapien war er sehr schwach geworden, hatte aber immer noch den starken Willen, auf Reisen zu gehen, und das aus einem besonderen Grund.

Der Sommer und der Herbst waren geprägt von Reisezielen, die aus der Vergangenheit stammten, als wir noch, zum Teil mit den Kindern, unterwegs gewesen waren. Peter hatte den sehnlichen Wunsch, sich in diesem Jahr von Orten zu verabschieden, die ihm besonders viel bedeutet hatten.

So fuhren wir im Sommer 2000, wie schon in den Jahren zuvor, nach Sand in Taufers in Tirol. Dort genossen wir in unserem kleinen Hotel das Feinschmeckeressen und die Idylle im gepflegten Garten, in dem Peter sich oft auf einer schattigen Liege ausruhte.

Wir wanderten aber auch auf leichten Touren in die nahen Berge, überquerten Wildwasser und rasteten an Kuhweiden. Den Weg zur Knuttenalm, der in früheren Jahren eine Stunde gedauert hatte, legten wir allerdings in der doppelten Zeit zurück. Mich bekümmerte das nicht, freute ich mich doch, dass mein Mann die Strecke überhaupt noch geschafft hatte.

Auch den Besinnungsweg, den die Jugend des Dorfes nach dem Sonnengesang des Franz von Assisi im Einklang mit der Natur gestaltet hatte, gingen wir ein letztes Mal. Er hatte zwar an einigen Stellen Steilstücke, aber durch die Meditationen an den einzelnen Stationen, an denen wir verweilten, gewann mein Mann körperliche und seelische Kraft, bis zum Ende des Weges durchzuhalten.

Ich spürte, dass er dort glücklich war. Die Bergwelt der Alpen war ein Lebenselixier für ihn, er tankte neue Energie, zehrte aber auch von den Erinnerungen an gesunde Zeiten.

Im Herbst 2000 fuhren wir noch einmal in südliche Richtung, Kärnten war dieses Mal unser Ziel. Am Wörther See fanden wir ein wunderschönes Hotel, das wir spontan für vierzehn Tage buchten. Nach ausgiebigen Ruhephasen auf der Liege unter einem schattigen Baum am Seeufer unternahmen wir täglich zunächst einige Ausflüge zu Fuß und später sogar kleine Fahrradtouren.

In den folgenden Tagen am Wörther See stellten sich dann dank des guten Wetters, der herrlichen Landschaft und meiner positiven Grundeinstellung, die ich dem Kranken immer wieder vermittelte, einige Ferienfreuden ein.

Inzwischen hatte Peter einen Riesenherpes am Mund bekommen, konnte wenig essen, und Übelkeit und Erbrechen setzten ihm zu. Trotzdem fuhren wir auf seinen ausdrücklichen Wunsch einen ganzen Tag an den Ossiacher See. Dort hatten wir viele Jahre hintereinander mit unseren Kindern eine Ferienwohnung gemietet und unbeschwerte Ferien verbracht.

Er wurde nicht müde, noch einmal alles anzuschauen. Wir spazierten an den See zu dem Steg, an dem er seinen Kindern den Kopfsprung ins Wasser beigebracht hatte und von dem aus die beiden älteren immer zum Wasserskifahren abgeholt worden waren. Gegen Abend aßen wir dann wie früher in der gemütlichen Gaststube des Urbani-Wirts.

Ich hatte den Eindruck, dass für Peter das Abschiednehmen weder schmerzlich noch belastend war, sondern dass er es als Vorbereitung für sein Sterben brauchte. Deshalb wollte er es im Jahre 2001, seinem Todesjahr, zu Hause fortsetzen und hier die Menschen ein letztes Mal sehen, die ihm im Leben viel bedeutet hatten.

Er war schon sehr schwach geworden und musste sich nach dem Frühstück meistens hinlegen. Ich bettete ihn liebevoll auf einer weichen Liege unter der Pergola zum Schlafen. Dabei sagte er mir, dass das doch kein Leben mehr für ihn sei!

Am Nachmittag ging es ihm immer etwas besser. Auf seinen Wunsch hin stellten wir deshalb an manchen Tagen den runden Terrassentisch mit Stühlen unter den Mirabellenbaum mitten auf den Rasen und luden Familie und Freunde in kleinen Gruppen in unseren Garten ein. Ich hatte immer Kuchen und Kaffee bereit, und es ergaben sich gute Gespräche, die mein Mann sehr genoss. Ganz im Bewusstsein, bald sterben zu müssen, lachte und scherzte er mit den Besuchern, seinen Kindern und den Enkelinnen wie in alten Zeiten.

In jenem Sommer war eine Enkelin ein Jahr alt geworden und versuchte vom Liegestuhl ihres Opas aus die ersten Schritte, was von diesem mit großem Lob bedacht wurde.

Manchmal kam sein Onkologe zu einem Hausbesuch vorbei, sah die nette Runde unter dem Baum und setzte sich einen Augenblick zu uns. Es war das letzte Aufflammen einer heilen Welt, die schon bald von Peters Todeskampf überlagert werden würde.

Manchen Bekannten wollte er allerdings nicht mehr sehen und bat mich, dessen Erscheinen, wenn möglich, zu verhindern. Umso mehr freute er sich über den Besuch vertrauter Freunde. Mit entwaffnender Offenheit redete er über seinen Tod: „Weißt du, dass ich bald sterben muss?" Die enge Freundin entgegnete: „Ich weiß das, Peter, aber sei getrost, du gehst uns doch nur voraus", und sie drückte seine Hand wie zum Abschied ganz fest.

Eines Nachmittags fuhr er mit dem Fahrrad zu einer kleinen Besorgung ins Dorf. Als er an einer befreundeten Nachbarin vorbeikam, fragte ihn diese, wie es ihm ginge. Er antwortete wiederum sehr direkt: „Es geht mir sehr schlecht." „Am liebsten würde ich dich jetzt in den Arm nehmen", antwortete sie betroffen. Wie sie mir später erzählte, legte Peter sein Fahrrad spontan auf die Erde und ging ihr entgegen. „Ich habe ihn innig umarmt und mich auf diese Weise von ihm verabschiedet", konnte sie mir berichten und mich damit trösten.

Schicksalstage

Das letzte Match

Im Dezember 2006 saß ich bei der Weihnachtsfeier des Tennisclubs neben unserem alten Freund Heinz. Im Laufe des Abends erzählte er mir von seinem letzten Turnierspiel mit meinem Mann vor etwa fünf Jahren, das ihn sehr bewegt hatte. Ich gebe hier seine Worte wieder:

„Am 21. Mai 2001 spielte ich mit Peter sein letztes Doppel in der Seniorenmannschaft des TCK. Die Tennisfreunde wollten ihn nicht aufstellen, weil er schon sehr von seiner schweren Krankheit gezeichnet war, an der er zwei Monate später starb.

Ich aber plädierte für seine Teilnahme, da ich ihm die vielleicht letzte Tennisfreude in seinem Leben gönnen wollte. Den anderen gegenüber vertrat ich die Meinung, dass ein wahrscheinlich verpasster Sieg nicht so wichtig sei wie die menschliche Geste. So trat ich also zum Doppelspiel mit Peter an.

Er spielte ehrgeizig wie immer und wollte gewinnen. Aber seine Beine gehorchten ihm nicht mehr, so dass er mehrfach stolperte und zu Boden fiel. Das Doppel ging verloren.

Peter ärgerte sich sehr über seine Niederlage. Offensichtlich hatte er die Schwere seiner Krankheit, im Gegensatz zu seinen Tennisfreunden, noch nicht erkannt. Während einer Spielpause auf der Bank sagte er zu mir, er sei erschüttert und verzweifelt, mit ansehen zu müssen, dass er sich auf seinen Körper nicht mehr verlassen könne."

Das letzte Konzert

Schon seit Weihnachten probte unser Oratorienchor „Ein Deutsches Requiem, nach den Worten der Heiligen Schrift" von Johannes Brahms. Dieses Werk sollte im Mai 2001 zur Aufführung gebracht werden.

Mein Mann und ich waren seit dem Herbst 1989 aktive Mitglieder in diesem gemischten Chor. Wir freuten uns bei den wöchentlichen Proben, den Probenwochenenden und den zahlreichen Chorreisen an der Musik und den netten Menschen dieser Gemeinschaft. Alle bekannten Oratorien der Musikliteratur haben wir mit diesem Chor einstudiert und gesungen.

Mein Mann hatte eine Bassstimme und war ein verlässlicher Sänger, der den Ton gut halten konnte. Ich sang im Alt, war aber froh, mich beim Singen an meiner geübten Sangesschwester Uta stimmlich festhalten zu können.

In der Zeit der Proben zu dem Brahmskonzert litt mein Mann schon sehr unter seiner fortgeschrittenen Krebskrankheit. An manchen Dienstagabenden schleppte er sich regelrecht zu der Chorprobe, war aber hinterher immer sehr beglückt über die stimmungsaufhellende Kraft der Musik. Auch das Konzert im Mai wollte er unbedingt mitsingen. Da er von Tag zu Tag schwächer wurde, überlegten wir, ihm einen Schemel auf die Bühne zu stellen, auf den er sich zwischen den einzelnen Passagen setzen konnte.

So geschah es am Abend der Aufführung des Deutschen Requiems. Peter sang das Chorwerk voller Inbrunst mit. Es war gleichzeitig auch sein Requiem. Ich habe das damals so begriffen, und es hat mich angerührt, wie offen er seinen eigenen Tod vorweggenommen hat.

Auf seine Todesanzeige ließ ich einen Vers aus dem Requiem drucken, und nach den Trauerfeierlichkeiten in der Friedhofskapelle auf dem Weg zu seinem nicht weit entfernten, offenen Grab erklangen einige Strophen des Requiems, die ich ausgesucht hatte. Am meisten gefiel mir die für diese Situation passende Passage: „Wie lieblich sind deine Wohnungen, Herr Zebaoth." Es beruhigte mich in meiner tiefen Trauer, meinen lieben Mann nun im Hause des Herrn wohnend zu wissen.

Der letzte Sonntag

Am Samstag hatte sich Peter sehr schlecht gefühlt. Seine Hirnmetastasen bewirkten bei ihm eine große Unruhe, die ihn dauernd zwang, seine Stellung im Sitzen, Stehen oder Liegen zu wechseln. Auch in der Nacht zum Sonntag fand er keine Ruhe. Ich war völlig verzweifelt. In seinem Bett mochte er nicht bleiben, er stand auf, irrte umher und suchte einen anderen Platz zum Schlafen, den er aber schnell wieder verließ. Ich bot ihm ständig meine Hilfe an, konnte ihn aber nicht über längere Zeit zufriedenstellen.

So ging das bis weit nach Mitternacht. Wir beide waren körperlich und psychisch völlig erschöpft, als er den Wunsch äußerte, ich solle ihn auf Omas Sessel betten. Dieser alte Ohrensessel stand in meinem Arbeitszimmer, und man konnte ihn mit einigen Handgriffen in eine Schlafstatt verwandeln.

In unserem Haus war er aber noch nie in dieser Weise benutzt worden! Deshalb war ich verwundert über das Ansinnen meines Mannes, aber auch heilfroh, ihm diesen Wunsch erfüllen zu können. Mit meiner letzten Kraft schaffte ich es, den alten Sessel in die Liegeposition zu bringen, und bettete meinen todkranken Mann mit Kissen und Decken auf diesem ungewöhnlichen Bett.

Tatsächlich fand er hier bis zum frühen Sonntagmorgen seine Ruhe und konnte wenige Stunden sogar tief schlafen.

Inzwischen hatte ich meine Kinder über die fortschreitende Verschlechterung des Gesundheitszustands ihres Vaters unterrichtet. Sie bedauerten mit mir, dass ich an die Grenze meiner pflegerischen Möglichkeiten gelangt war, und stimmten mir zu, dass wir etwas Neues einleiten müssten. Schweren Herzens beschlossen wir, ihn am Sonntag in die Klinik zu bringen.

Das war am Wochenende gar nicht so einfach, aber mit Hilfe eines Freundes, der Chefarzt am Frechener Krankenhaus war, bekamen wir für den Nachmittag ein Einzelzimmer in der Geriatrie versprochen.

Jetzt galt es noch, den Sonntagmorgen zu überstehen, denn Peter war, wie tags zuvor, von einer großen Unruhe geplagt. Es war Ferienzeit, mitten im Juli, und meine Kinder waren entweder verreist oder mussten sich um ihre Kleinen kümmern. Deshalb rief ich am späten Vormittag unsere guten Freunde in Königsdorf an, die auch spontan zu uns kamen.

Christoph, der die Lage schnell überblickte, hakte seinen Freund unter und ging mit ihm sehr langsam, eine Runde nach der anderen, über unseren Rasen. Dabei wiederholte er gebetsmühlenartig: „Peter, mein Guter! Peter, mein Guter!" Das beruhigte meinen Mann offensichtlich, und er kehrte, für eine kurze Weile, zur Normalität zurück.

In diese Situation hinein fragte unsere Freundin Elvira, was sich Peter wohl von ihr zum Mittagessen wünsche, denn sie wolle für ihn kochen. Er zeigte sich erfreut und antwortete klar und bestimmt: „Ich wünsche mir Kochfisch mit Kartoffelpüree, Salat und zum Dessert Erdbeeren." Sie nickte ihm bestätigend zu, schaute mich aber fragend an, wo sie denn am Sonntag all diese Köstlichkeiten hernehmen sollte. Dann verließ sie uns und fuhr zum Kochen nach Hause.

Nach einiger Zeit kam sie tatsächlich mit dem gewünschten Essen zurück. Sie servierte meinem Mann und mir am Terrassentisch ein Festmahl. Es war das letzte in seinem Leben, und das hatte ihm Elvira gekocht.

Dann ging alles sehr schnell. Der Ambulanzwagen fuhr, wie von mir erbeten, ohne Blaulicht vor unser Haus. Zwei Sanitäter brachten einen

Tragestuhl, und mein Mann setzte sich hinein. Er war völlig ergeben in sein Schicksal und wandte sich an seine ältere Tochter, die aus dem Nachbarort herbeigeeilt war: „Siehst du, jetzt tragen sie mich mit den Füßen zuerst aus dem Haus. Ich komme nicht mehr wieder!"

Und er kam nicht mehr zurück. Im Krankenhaus gab er den Schwestern eine letzte Anweisung: „Bitte stellen Sie ein Bett für meine Frau in mein Zimmer!"

Das war nicht mit mir abgesprochen, und es überrumpelte mich. Ich spürte Unmut in mir hochkommen, auf unbestimmte Zeit Tag und Nacht im Krankenhaus bleiben zu müssen, aber ich wehrte mich nicht. Vielmehr durchströmte es mich, dass Peter in der Todesstunde den vertrauten Menschen an seiner Seite wissen wollte, der vor fast vierzig Jahren geschworen hatte, in guten wie in schlechten Tagen bei ihm zu bleiben.

So blieb ich in den fünf Tagen seines Sterbens bei ihm. Er durchlitt sie teils im Koma, teils bei vollem Bewusstsein, manchmal sogar wie früher scherzend, meist aber schlafend. Als ich merkte, dass ihm noch etwas zu seiner Erlösung fehlte, flüsterte ich ihm ins Ohr: „Ich lasse dich gehen." Kurz darauf, in den frühen Morgenstunden des 20. Juli, hauchte er in meinen Armen seinen letzten Atem aus.

Teil 3 – Neue Wege

Aus meinem Tagebuch

Heute ist Peter sechs Wochen tot. Ich bin immer noch wie gelähmt, freudlos und teilnahmslos, und ich muss mich zu allem zwingen. Ich kann seinen Tod nicht fassen. Er fehlt mir so sehr!

Meine Nerven liegen blank, ich bin total verletzlich, fühle mich unverstanden und zu wenig in meinem Schmerz beachtet. Ich weine oft.

Ich habe meine Mitte verloren und noch nicht wiedergefunden. Drei Jahre und vier Monate habe ich meinen Mann in seiner schweren Krankheit begleitet und mich dabei ganz in den Hintergrund gestellt. Alle haben immer gesagt, wie sehr sie mich bewunderten, weil ich so stark sei. Ich war in dieser Zeit auch stark und habe alle meine Kräfte auf die Pflege des lieben Patienten verwendet.

Ich hätte ihn gern noch weiter betreut, und ich muss gestehen, dass ich die grausame Realität seiner Krankheit erst bei seiner Einlieferung ins Krankenhaus am 15. und bei seinem Tod am 20. Juli erkannt habe. Tatsächlich habe ich vorher die Hoffnung, zumindest auf eine Lebensverlängerung, nie aufgegeben und immer noch Pläne für Ausflüge, Besuche, kleine kulturelle Veranstaltungen oder Familientreffen gemacht.

Jetzt fehlen mir dieses tägliche Eingebunden-Sein in einen festen Tagesrhythmus und die große Sorge um meinen kranken Mann. Früher tasteten wir morgens immer zum Bett des anderen, und unsere Hände berührten sich zum Guten-Morgen-Gruß. Vor einigen Tagen bewegte ich meine Hand wieder instinktiv in Richtung des Nebenbettes, und ich glaubte, seine Hand in meiner zu fühlen, es war aber nur ein Stück der Decke. Bald werde ich mir ein neues, schmaleres Bett kaufen.

Heute ist Peter acht Wochen tot. Die Trauer um ihn wird immer schlimmer. Das Gefühl des Alleinseins ist für mich oft unerträglich, ich weine viel, und mir lastet ein schwerer Stein auf meinem Herzen. Morgens wache ich in unserem großen Schlafzimmer auf, alles ist stumm und bedrückend. Ich muss mir allein einen neuen Tag gestalten.

Ich kann es noch nicht realisieren, dass Peter nicht mehr kommt, dass ich ihn nicht mehr sehen kann. Wenn ich im Wohnzimmer sitze, starre ich auf die Tür in der festen Vorstellung, er komme gleich herein. Ich warte im Unterbewusstsein immer auf ihn. Wir waren im Leben nie so lange voneinander getrennt!

In meinem Kopf herrscht Chaos. Ich laufe völlig antriebslos durch Haus und Garten und schaffe wenig Vernünftiges, kann nicht mehr konsequent arbeiten. Einzig die Einkaufsfahrten mit meinem neuen Auto oder kleine Radtouren lenken mich ab. Wo sind meine Kraft und Stärke geblieben?

Auch auf meinem Schreibtisch sieht es chaotisch aus. Ich überfordere mich mit Aktivitäten, die mir meine innere Unruhe aufzwingt.

Heute ist Peter neun Wochen tot. Schwager Paul und Sohn Peter haben sich angesagt, um den Verkauf meines Anteils der Dobeler Ferienwohnung zu regeln. Nächste Woche soll der Notar schon eingeschaltet werden. Mein Sohn regelt alles mit großer Umsicht.

Der Kostenvoranschlag von Zaun und Tor ist gekommen. Schwiegersohn Dieter, der die Firma empfohlen hat, kümmert sich rührend und lässt einen Architekten darüber schauen.

Christoph bringt ein Schreiben mit dem Rahmenprogramm für das Wanderwochenende der Seniorenmannschaft, das Mitte September stattfinden soll. Es heißt: Peter-Wonschik-Gedächtnis-Reise. Hoffentlich halte ich die Tage aus und meine Gefühle spielen nicht verrückt in Gedanken an die letzten zehn Jahre, in denen Peter immer der von allen geliebte Wanderführer war.

Christoph hat für alle ein schönes Foto von Peter in seiner bekannten Wanderkluft auf das Programm geklebt. Dazu gibt es noch einen Entwurf des Verstorbenen zur Programmgestaltung. Ich musste weinen, als ich seine zittrigen, völlig veränderten und kraftlos mit dem Kuli geschriebenen Zeilen sah. Seine Feinmotorik war in den letzten Wochen sehr gestört.

Tarras, der Ukrainer, hat schon fast zwei Wochen in unserem Garten gearbeitet und drei dicke Wurzeln entfernt. Jetzt quält er sich mit der Ausrottung des Efeus. Nächste Woche soll er noch den Gemüsegarten leerräumen, in dem Peter jahrelang mit Leidenschaft das Gemüse für die Familie angebaut hat. Das war nochmal ein sehr trauriges Geschehen, als ich den letzten Mangold und die letzten Rote Beete geerntet habe, die Peter noch im Frühling zusammen mit mir eingesät hatte.

Bald wird der Gemüsegarten leer sein, und der Boden muss vorbereitet werden, um dort einen Rollrasen zu verlegen. Ich möchte und muss mir die Bearbeitung des Gartens vereinfachen.

Heute ist Peter zehn Wochen tot. Ich habe überall im Haus Fotos von ihm aufgestellt. Das Bild des Totenzettels habe ich vergrößern lassen und das vom Leid gezeichnete Gesicht, das ich selbst in Schwarz-Weiß aufgenommen habe, edel einrahmen lassen. In der Essecke der Küche hängen jetzt viele Bilder von Peter und seinen Enkelinnen.

Die Erinnerungen an den lieben Verstorbenen sind sehr stark und überall. Jeden Tag besuche ich allein oder mit Kindern oder Enkelkindern sein Grab. Es stehen immer Blumen dort, und es brennen Kerzen, auch in der besonders schönen Grablaterne. Heute brachte Isabella einen frischen Blumenstrauß, den wir vor das Holzkreuz stellten.

Am 11. September 2001 fand der Terroranschlag auf das World Trade Center in New York statt, bei dem 6000 Menschen starben. Mein erster Gedanke war: Das musste Peter nicht auch noch miterleben! Am Sonntag, den 22. September kam ich todmüde vom Pferderennen in Weidenpesch nach Hause. Trotzdem schaute ich bis zum Schluss die Gedenkfeier an die Opfer des Anschlags im Fernsehen. Mich faszinierte die besondere Art der Gebetsstunden: Die Amerikaner fassten sich an den Händen, sie blickten nach vorn, gaben nicht auf und wollten alles wieder aufbauen. Die übergroße Trauer der Hinterbliebenen erfasste die Zuschauer, es gab viel Völkerverständigung, aber keine Rachegedanken und Schreie nach Vergeltung.

Am Schluss der Trauerfeierlichkeiten sagte die sympathische Moderatorin: „Jetzt haben alle, die einen lieben Menschen verloren haben, einen persönlichen Schutzengel im Himmel, den sie mit Namen nennen können." Ich hatte am 20. Juli meinen liebsten Menschen verloren, und mein Engel heißt Peter.

Ende September ist der Aufbruch zum Senioren-Wanderwochenende. Spontan streife ich den Ehering meines Mannes auf den Mittelfinger meiner linken Hand. Dort rutscht er nicht ab, und ich fühle mich gleich viel besser, irgendwie beschützt. Ich kann nun ein sichtbares Zeichen von ihm spüren, das ich ihm vor fast vierzig Jahre zur Hochzeit geschenkt habe, den Ring, den er immer getragen hat, meist an der rechten, beim Tennisspielen an der linken Hand. Als Fazit bemerkte Franz-Josef nach den drei Tagen: „Wir sollten die Wandergruppe auflösen, sie war zu sehr von Peter geprägt und auf ihn zugeschnitten."

Am Samstag, den 6. Oktober war ich besonders traurig. Peter ist nun schon elf Wochen tot. Mir kommen die Endgültigkeit seines Wegseins und die Gewissheit, dass er nie mehr zurückkehrt, immer mehr zu Bewusstsein. Ich vermisse ihn so sehr! Ich fühle mich wie amputiert und allein. Immer wieder halte ich inne und denke, das musst du Peter erzählen. Ich bin sehr mutlos und weine viel.

Heute haben mein Sohn und Dragan den Schreibtisch abgeholt, an dem mein Mann fast vierzig Jahre gearbeitet hat. Bei aller Traurigkeit ist es tröstlich, dass sein Sohn dieses schöne Möbelstück nach dem Tode haben wollte und sich darauf freut.

Der Garten ist wunderschön und fertig, die Termine mit Dragan und dem Anstreicher wegen des Parketts sind besprochen. Ich kann mich über alles gar nicht so recht freuen, obwohl ich die Veränderung im Haus haben möchte. Fast den ganzen Tag denke ich an Peter, er ist mir immer ganz nah, nur weiß ich nicht, ob er mein Tun billigen würde.

Am gestrigen Tag, am Sonntag, den 21. Oktober, habe ich beschlossen, mir ein eigenes Leben einzurichten und nicht nur um das Gewesene zu trauern. Ich möchte selbstbestimmt leben und meiner Familie nicht zur Last fallen. Alle lieben Erinnerungen gehören weiterhin zu meinem Leben, und ich bereue keinen Tag meiner langen glücklichen Ehe. Sie bedeutet mir Kraft und ist das Fundament meines Lebens.

Aber ich möchte allen Ballast abwerfen, der sich mit der Zeit angesammelt hat, und etwas Neues gestalten. Durch eine so enge und ausschließliche Zweisamkeit, wie wir sie hatten, haben wir uns sehr aneinander angepasst, und viele beidseitig angelegte Begabungen oder Wünsche konnten sich nicht entfalten. Peter mochte zum Beispiel keine Veränderungen am und im Haus, ich dagegen war schon immer für Neuerungen, die ich jetzt auch nacheinander durchführen werde.

Gott sei Dank habe ich viele Interessen und kann mich gut beschäftigen. Sicher werde ich Peter immer um seinen Rat fragen, vor allem, um bei Familienangelegenheiten in seinem Sinn zu handeln. Aber vielleicht werde ich auch meine Freiheit und Unabhängigkeit in aller Form genießen lernen.

Die Kurärztin

„Gesundheit durch Bewegung", so hieß der Leitsatz der Kurklinik auf der Halbinsel Mettnau im Bodensee. Mein damaliger Hausarzt meinte, dass diese Art von Sanatorium nach dem Tod meines Mannes im Juli 2001 mir wieder zu neuer Lebensfreude verhelfen könnte.

Am ersten Tag musste ich mich dort zunächst körperlich untersuchen lassen, bevor ich der Kurärztin zu einem intensiven Gespräch gegenübersaß. Sie hörte mir zu, als ich von meinen Problemen sprach. Dann begann sie, meine Lage aus ihrer Sicht zu beleuchten.

Ihre Meinung war, dass ich nach dem schweren Schicksalsschlag und der über drei Jahre dauernden Sorge um meinen kranken Mann mich nun einmal selbst in den Mittelpunkt stellen solle. Es zähle jetzt nicht mehr das Urteil meiner Umwelt, sondern ich solle das tun, was mir guttue. Das sei nicht zu verwechseln mit dem, was mir gefalle. Vielmehr solle ich meinen Körper und meine Seele in der richtigen Weise pflegen, wenig und kalorienarm essen, damit ich abnehme und mein Blutdruck und mein Cholesterinspiegel sich wieder normalisieren würden. Außerdem solle ich viel Dauersport treiben, was ja gerade hier auf der Mettnau zur täglichen Therapie gehöre. All das gäbe mir ein Wohlgefühl und täte mir gut. Diese Lebensweise erleichtere auch mit Sicherheit die Trauerarbeit, was ich hier schon gespürt habe, sie ziehe mich nicht nach unten und lasse mich nicht in Hoffnungslosigkeit versinken. Der Mut zum Leben kehre durch eine so veränderte Lebensweise leichter zurück.

Die Kurärztin ging so weit, mir sinngemäß den Spruch von Rainer Maria Rilke mit auf den Weg zu geben: „Man muss nie verzweifeln, wenn einem etwas verlorengeht, ein Mensch oder eine Freude oder ein Glück, es kommt alles noch herrlicher wieder."

Diese letzte Aussage konnte ich zu dem damaligen Zeitpunkt nicht bejahen, die Trauer war noch zu groß. Meine Gedanken kreisten zumeist um das verlorene Leben der Vergangenheit mit meinem lieben Mann. Sie aber meinte, dass ich jetzt für andere Dinge frei sei, die ich nie in meiner Ehe getan hätte. Dieses verwandelte Leben allein nach meinem Geschmack könne ich nach einiger Zeit genießen, und ich könne mich noch weiterentwickeln.

Ich bin der Kurärztin noch heute dankbar, dass sie mich mit diesen Ratschlägen verabschiedet hat.

Der Wunschring

Am ersten Mittwochnachmittag nahm ich an einer geführten Wanderung teil, die das Sanatorium auf der Mettnau unter der Leitung eines Arztes anbot. Es war November, und es regnete in Strömen. Mir fiel es schwer, mich in die Schar der fröhlichen Wanderer einzuordnen, da ich sehr traurig war. Meine Tränen flossen und vermischten sich mit den Regentropfen auf meiner Haut.

Da gesellte sich eine etwas jüngere Frau zu mir, die meinen Gemütszustand wohl bemerkt hatte. Auch sie hatte ihren Mann in diesem Jahr verloren, und ihre Trauer um ihn war sehr groß. Es war Meggi. Unsere Seelen berührten sich, und wir verstanden uns.

Die neue Freundin hatte ihr Auto zur Mettnau mitgenommen. So konnten wir an den Wochenenden, wenn der Kurbetrieb ruhte, herrliche Ausflüge zu den verschiedenen Städten am Bodensee unternehmen.

Dieses Mal besuchten wir Stein am Rhein. Wir hatten Glück mit dem Wetter, und die Novembersonne verwöhnte uns mit Wärme und Licht. Die Farbenpracht der mittelalterlichen Häuser mit ihren Erkern kam voll zur Geltung. Ein Rundgang durch das historische St.-Georgen-Kloster mit seinen pittoresken kleinen Höfen und verschiedenartigen Anbauten in Fachwerk, Bruchsteinen oder verwittertem Holz gefiel mir besonders gut.

Mich begeisterten an dieser Stelle auch die unterschiedlichsten Türen und Tore, die gotischen Spitzbögen, an manchen Stellen aber auch barocke, behäbige Bauelemente. Meine Lust, alles zu fotografieren, kannte keine Grenzen.

Beim Durchgang durch das niedrige, gotische „Rheintörlein" erfreute mich das blaue Wasser des aus dem Bodensee fließenden Rheins und die wärmende Sonne, die an der Immunitätsmauer des Klosters die farbenprächtigsten Rosen und Oleander gedeihen ließ.

Von der Rheinbrücke aus erschloss sich uns das übersichtliche Städtchen Stein am Rhein, in dessen Altstadtkern sich das mittelalterliche Rathaus und viele stattliche Bürgerhäuser um einen Brunnen herum gruppierten. Die Häuser mit ihrer gemalten Geschichte schienen sich alle in bunten Fresken zu überbieten.

Alle Häuser trugen statt Hausnummern ihre Namen über dem Eingang, zum Beispiel Weißer Adler, Rebstock, Mohr, Goldener Schwan oder viele mehr.

Meine Freundin Meggi und mich zog es zu einem Haus, das die alte

Inschrift „Rosenkranz" trug. Diesen Namen, nicht im Sinne einer Gebetskette bei den katholischen Christen, sondern in seiner Bedeutung als Kranz von Rosen, hatte eine Ladeninhaberin als Motto für ihr Geschäft übernommen.

Schon beim Herannahen strömten uns Rosendüfte entgegen. Sie rührten von Körben mit Kerzen her, die nach Rosenöl dufteten. Ansichtskarten, Blechdöschen und Kästchen mit Rosenmotiven, dazu Rosenblüten aus Seide in allen Rottönen lockten uns in den Laden.

Hier erwartete uns eine noch viel intensivere Duftorgie als draußen, und eine niegesehene Vielfalt an hübschen Objekten mit aufgedruckten Rosen umgab uns. Es war eine verschwenderische Fülle!

Ich schaute nur, und während meine Freundin sich einige Utensilien für ihren Schreibtisch kaufte, ging ich in den hinteren Teil des Verkaufsraumes. Hier wurde ich regelrecht überwältigt von Rosenduft und Farbenpracht. Ich befand mich wie in einem Rausch.

Da sah ich ein Kästchen mit einem Schmuckring aus bunten Glassteinen. Um einen großen, dunkelrot geschliffenen Stein gruppierten sich mehrere farblich passende zu einem harmonischen Ensemble. Magisch angezogen, streifte ich mir den Ring über meinen linken Ringfinger. Ich war entzückt über seine optische Wirkung, und ich fühlte mich gleich angenehm erhoben. Dieser Ring hatte seinen Weg zu mir gefunden.

Auf meinem Finger drehte ich ihn hin und her, wie man einen Wunschring im Märchen dreht und sich dabei etwas wünscht. Ich hatte nur den einen Wunsch, dass er mir, in dieser schwierigen Phase meines Lebens nach dem Tod meines Mannes, vielleicht bei der Trauerbewältigung helfen könnte.

Auch Meggi fand den Ring bezaubernd schön, und so kaufte ich ihn.

In den drei Wochen meiner Kur war der Ring mein steter Begleiter. Immer, wenn ich ihn anschaute, erhellte er mir die trüben Tage des Novembers, und er zog mich heraus aus den traurigen Gedanken, die sich in der verlorenen Vergangenheit bewegten. Ich ließ mich von ihm in eine lebenswerte Gegenwart führen, was ich mir von dem Aufenthalt am Bodensee auch erhofft hatte.

Zu Hause trug ich den Ring noch einige Male, aber er hatte seinen Zauber verloren. Ich hatte hier wieder die Mitte meines Lebens gefunden, war aktiv und veränderte viel an Haus und Garten.

Eines Tages war der Ring verschwunden, ich hatte ihn aus Unachtsamkeit verloren, aber ich brauchte ihn auch nicht mehr. Ich habe ihn nie wiedergefunden.

Fröhliche Weihnachten

„85 Jahre, welch stolzes Alter!", dachte ich heute am Morgen des 2. April 2020 und rief meinen Freund Dieter an, um ihm zu diesem denkwürdigen Geburtstag zu gratulieren. Nach meinem Glückwunsch erinnerte ich ihn an seinen Geburtstag vor 18 Jahren, den wir unter besonderen Umständen zusammen verbracht hatten.

Dieter war der älteste Freund meines Mannes, beide wurden im Jahre 1935 geboren. Sie wohnten mit ihren Familien in einem rechtsrheinischen Vorort Kölns und gingen dort zusammen in den Kindergarten. Als dann Gisela in Dieters Leben trat und seine Frau wurde, blieben die Ehepaare und die später dazugekommenen Kinder immer sehr verbunden und nahmen gegenseitig am Leben der anderen Familie teil.

Mein Mann starb schon 2001 mit 66 Jahren. So viele Dinge brachen durch seinen frühen Tod bei mir weg, unter anderem das Reisen. Fast die ganze Welt hatten wir zusammen auf Studienreisen kennengelernt. Nun war ich allein.

Sehr mitfühlend boten mir Dieter und Gisela deshalb an, mit ihnen im Frühling 2002 eine geführte Reise nach Süditalien zu unternehmen. Ich willigte gern ein, zumal ich die beiden sehr gut kannte und sie mir vertraut waren. Auch das Reiseziel Kalabrien und Apulien war mir noch unbekannt und interessierte mich. Die Vorstellung von Sonne und Wärme in südlichen Gefilden erweckte in mir eine große Vorfreude.

Diese Ahnung schien sich auch zu bewahrheiten, als wir am 2. April in unserem Hotel in Kalabrien anreisten. Wir genossen Sonne und Wärme, und wir konnten vor dem Abendessen auf dem Balkon ein Gläschen auf das Wohl von Dieter trinken, der an diesem Tag 67 Jahre alt wurde. Die Welt war in Ordnung, und wir drei freuten uns auf vierzehn Tage Besichtigen und Wandern im sonnigen Süden.

Schon bald änderte sich jedoch das Wetter, und unsere Sehnsüchte wurden maßlos enttäuscht. In dem Städtchen Martina Franca, das auf unserer Reise weiter östlich in Apulien lag, wurden wir über Nacht von tiefem Winter überrascht. Als ich am Morgen aus dem Fenster schaute, traute ich meinen Augen nicht: Das Dach gegenüber trug eine dicke Schneelast, jedes Fensterbrett, jedes Geländer, jede Treppe verbarg sich unter Schneemassen. Die Fahrräder, die in dem engen Gässchen abgestellt waren, verschwanden unter einer mehrere Zentimeter hohen Schneeschicht, ebenso die vielen kleinen Müllsäcke, die heute sicher vergeblich darauf warteten, abgeholt zu werden.

Da die Mitglieder unserer Reisegruppe in verschiedenen Appartements des Städtchens übernachteten, mussten alle zu einem zentral gelegenen Hotel laufen, in dem das Frühstück vorbereitet war.

Im Freien angekommen, erkannten wir erst die schwierige Situation, die sich durch den Wintereinbruch ergeben hatte: Da die schmalen Gassen des ehemals reichen Handelsstädtchens Martina Franca mit weißem Marmor gepflastert waren, vermochten wir mit unseren unzureichenden Schuhen kaum vorwärtszukommen. Der Boden war durch den Schneematsch glitschig geworden und bot kaum Halt. Ich rutschte mehr, als dass ich gehen konnte, und fiel auch einige Male hin. Schließlich hakte ich mich bei dem großgewachsenen Dieter ein und gelangte so sicher zum Treffpunkt der Gruppe.

Das Leben in diesem südlichen Teil Italiens war aus den Fugen geraten. Mit so viel Schnee konnten die Menschen hier nicht umgehen, und sie waren für solche Verhältnisse auch nicht ausgerüstet. Wir sahen zum Beispiel die kleinen schmalen Müllautos bei ihren vergeblichen Versuchen, die Abfallsäcke, die sonst jeden Tag abgeholt wurden, aufzuladen. Die Autos blieben einfach irgendwo stehen und warteten auf besseres Wetter.

Wieder in meinem Zimmer suchte ich im Koffer nach Kleidungsstücken, die geeignet waren, diese unerwartete Kälte im April zu überstehen. Ich fand einen warmen Schal, den ich vorsorglich eingepackt hatte, und einen hellgrauen Pullover, den ich ab sofort auf der gesamten Reise Tag und Nacht trug. Da die Häuser im Süden oftmals über keinerlei Heizung verfügen und deshalb nicht durchgewärmt werden können, fror ich auch des Nachts so allein in meinem Einzelbett ohne die Körperwärme eines lieben Menschen neben mir.

Handschuhe hatte keines der Gruppenmitglieder mit auf die Reise in den Süden genommen. Deshalb griffen wir die geniale Idee eines Teilnehmers auf und zogen uns Socken über die Hände.

So gerüstet konnten wir dem Wetterumsturz trotzen! Die Maßnahmen waren auch nötig. Als wir nämlich am nächsten Morgen zur Besichtigung der nahe gelegenen Trulli aufbrachen und aus dem Bus stiegen, schneite es noch immer in dicken Flocken, und es war ziemlich kalt. Ich setzte die Kapuze meines dünnen Anoraks auf und suchte Schutz unter einem kleinen Regenschirm, der aber die Schneeflocken nur unzureichend fernhielt. Mit meinen unbeweglichen, mit Socken überzogenen Händen konnte ich zu allem Übel das Kulturerbe der Apulischen Trulli auch nicht fotografieren, obwohl diese wegen ihrer Einzigartigkeit nach einem Fotoapparat schrien. An diesem Tag boten sie sicher auch einen seltenen Eindruck mit den Mützen aus Schnee auf ihren runden, gefächerten Steindächern. Es musste also für dieses Mal genügen, sie eingehend aus der Nähe zu betrachten und das Bild in sich aufzunehmen.

Bei aller Seltenheit dieser dörflichen Behausungen im Schnee musste ich mir doch eingestehen, dass ich die Ansammlung der Trulli lieber bei Sonne und Wärme erlebt hätte.

Nach einiger Zeit trat die Reisegruppe ihre Rückkehr zum Bus an. Es schneite immer noch in dichten Flocken, was unsere gute Laune aber nicht vertreiben konnte. Wir scherzten und lachten miteinander. Sicherlich froh, hier im tiefen Apulien deutsche Laute zu hören, reagierten zu unserer Freude einige ältere Männer auf der anderen Straßenseite überglücklich gestikulierend und riefen: „Fröhliche Weihnachten!" Wir winkten und stiegen zur nächsten Besichtigung in unseren Bus. Dabei mutmaßten wir untereinander: „Das waren vielleicht die ersten Gastarbeiter, die aus dem Armenhaus Italien in den fünfziger Jahren nach Deutschland gekommen waren."

Mein Haus

Vor einem Jahr war mein Mann gestorben, und meine Lebenssituation hatte sich grundlegend geändert. Nichts war mehr so, wie es einmal gewesen war. Ich begann daran zu zweifeln, ob ich in dem vertrauten Haus, in dem ich mich immer so wohl gefühlt hatte, weiterhin leben könne.

Zu dieser Zeit reiste ich sehr viel. Doch so schön die Abwechslung für mich auch war, glich sie doch einer Flucht, weil ich mich vor dem ungewohnten Alleinsein im Haus fürchtete. Gäste mochte ich auch nicht einladen, denn ich fühlte mich selber wie zu Besuch in meinem eigenen Haus.

Im Jahre 1965 hatten wir unser Haus gekauft, und unsere drei Kinder wuchsen in seiner Geborgenheit am Rande von Köln auf. Wir liebten unser Haus und vor allem den Garten, dessen Bäume, Sträucher und Blumen wir alle selbst gepflanzt hatten und den wir hegten und pflegten.

Es gab eine Reihe von Jahren, in denen im Haus wegen der großen Familie drangvolle Enge geherrscht hatte. Eine Zeitlang hatten wir erwogen, in ein größeres Haus umzuziehen. Nachdem jedoch die Kinder nach und nach ausgezogen waren, war es für meinen Mann und mich sehr gut passend, und wir richteten uns zu zweit darin ein. So blieb unseren Kindern das Elternhaus erhalten. Das war ein wunderbares Leben für uns beide.

Nach dem Tod meines Mannes allein in dem Haus zurückgeblieben, war ich seelisch überfordert. Ich wollte nicht so wie vorher in der gewohnten Umgebung weiterleben, als ob nichts geschehen sei.

Ich denke, dass viele meiner Leidensgenossinnen, die selber an so einem Scheideweg stehen oder gestanden haben, meine nachfolgenden Überlegungen und Bedenken nachvollziehen können.

Wochenlang überlegte ich also, auch im Gespräch mit der Familie und Freunden, wie ich die Wohnsituation für mich am besten regeln könnte. Am Ende sah ich nur zwei Möglichkeiten: Entweder verkaufe ich das Haus und ziehe in eine kleinere Wohnung, oder ich nehme Veränderungen am Haus vor und mache es zu meinem Haus.

Zu Beginn des Jahres 2002 entschied ich mich für die zweite Möglichkeit und blieb im Hause wohnen.

Ich führte umfangreiche Erneuerungen und Veränderungen an dem äußeren Bild des Hauses und Gartens durch. Diese Arbeiten, die mich nach und nach meinem Ziel näher brachten, das Haus zu meinem Haus zu machen, halfen mir auch gleichzeitig bei der Bewältigung meiner Trauer.

Zunächst begann ich mit dem Auftrag an einen ortsansässigen Dachdecker, dem Haus ein neues Dach zu geben, da diese Arbeiten schon lange notwendig gewesen waren. Ich ließ aber das alte Dach nicht einfach neu eindecken, sondern überlegte mit dem Fachmann, die Dachkonstruktion zu verändern. So entstand ein Schutz-Dach für das Haus, an drei Seiten mäßig, aber an der Giebelseite sehr viel überstehend. Die Dachziegel wählte ich in glänzendem Schwarz; neue Regenrinnen und Fallrohre sowie eine geschwungene Edelstahlabdeckung des Kamins vervollkommneten das Bild.

Der Höhepunkt dieser Arbeiten am Dach war die Anbringung eines goldfarbenen Wetterhahnes auf dem First des vorderen Giebels. Diesen Wunsch, den ich in all den Jahren im Geheimen immer gehegt hatte, erfüllte ich mir jetzt. Das Haus wirkte durch das neue Dach stark verändert und gefiel mir außerordentlich gut.

Ich war glücklich und stolz, dass das Ergebnis meines ersten Auftrages so zufriedenstellend ausgefallen war. Durch das an der Giebelseite überstehende Dach gewann auf einmal der Balkon, der genau darunter lag, eine neue Bedeutung. Da er jetzt vom Regen geschützt war, bot es sich geradezu an, ihn wohnlich herzurichten. Ich stellte zwei bequeme Gartenstühle und ein Tischchen darauf, dazu einen gelbweiß gestreiften Sonnenschirm, so richtig einladend, um mit einer oder zwei meiner Enkelinnen bei Kerzenschein und einem wohlschmeckenden Getränk im Sommer ein Balkon-Event zu veranstalten.

Zwei große Blumenkästen, die ich anschaffte und farbenfroh bepflanzte, werteten die vordere Ansicht des Hauses auf und schirmten mich, auf dem Balkon sitzend, gegen meine Umwelt ab. Ich saß fortan den ganzen Sommer, wenn es eben ging, sehr gern hier oben, hatte eine herrliche Aussicht auf unsere ruhige Wohnstraße und in die Richtung, in der wir früher, als die Bäume noch nicht so hoch gewachsen waren, den Kölner Dom sehen konnten. Ich fühlte mich hier oben viel wohler als unten auf der Terrasse, zu der jedermann leicht Zugang hatte, da wir all die Jahre, in denen wir keine Kleinkinder mehr hatten, kein Gartentörchen besaßen. Auch das aber sollte sich in diesem Jahre ebenfalls ändern. Weil ich ja beschlossen hatte, allein in Haus und Garten zu leben, ließ ich mir zu meiner Sicherheit einen Zaun mit einer Toranlage zur Straße hin bauen. Dieses Projekt brachte ungeahnte Probleme mit sich und dauerte sehr lange bis zu seiner Fertigstellung, aber schließlich war es gelungen und überzeugte durch seine ansprechende Gestaltung und Funktionstüchtigkeit.

Auch in den späteren Jahren erwies sich die neue Toranlage zur Straße hin dennoch als sehr anfällig. In frostigen Wintern schwang das große Tor ohne Arretierung bis auf den Bürgersteig oder es öffnete sich ohne jemandes Zutun. Einmal wurde ich sogar im Urlaub auf Fuerteventura von der aufmerksamen Nachbarin angerufen, weil diese in dem offenen Tor eine Gefahr für Einbrecher sah. Ich machte diesem Kummer ein Ende, indem ich einen „Torwart" damit beauftragte, die Toranlage zur Straße hin – und auch das Schwingtor an der Garage – einmal im Jahr zu inspizieren.

Ich besitze nun ein vollautomatisches Schwingtor, das ich mit einem Sender öffnen kann, wenn ich mit dem Auto in die Einfahrt einbiege, und zusätzlich ein Fußgängertörchen mit einer Sprechanlage, das ich von der Diele des Hauses aus bedienen kann. Es ist für mich ein gutes und sicheres Gefühl, dass nicht jeder wie früher unkontrolliert auf das Grundstück gelangen kann.

Einmal noch gab es einen sehr schmerzlichen und gleichzeitig spannenden Tag für mich, als ich den kleinen Gemüsegarten, den mein Mann immer so liebevoll bearbeitet hatte, umgestaltete. Die Beete wurden umgegraben, geharkt und mit einem fertigen Rollrasen belegt. Das dauerte nur wenige Stunden, aber die Wirkung war verblüffend: Auf einmal hatte ich eine zweite, von dem Hauptgarten optisch abgetrennte grüne Fläche, und nichts erinnerte mehr an den alten Nutzgarten, der uns früher das Gemüse für die ganze Familie geliefert hatte.

Ich pflanzte in diesem noch leeren Teil des Gartens einen Klarapfelbaum, dessen Äpfel ich vor allen anderen Früchten am meisten liebe, und eine gelbe Zaubernuss, die mich mit ihren Blüten im Winter erfreut, wenn ich durch das Küchenfenster nach draußen schaue.

Dann überlegte ich weiter, wie diese neu gewonnene Rasenfläche künftig zu nutzen sei. Da dort schon ein gemauerter Sandkasten aus der Zeit meiner Kinder vorhanden war, beschloss ich, sie als „Kinderspielgarten" zu deklarieren. Ich kaufte als Attraktion für meine Kinder, meine größeren Enkelkinder und mich eine wetterfeste Tischtennisplatte, die den ganzen Sommer über auf dem neuen Rasenstück stand und zu Matches mit verschiedenen Partnern einlud.

Die Arbeiten an Haus und Garten zogen sich fast das gesamte Jahr 2002 hin. Im November waren sie dann abgeschlossen, und ich konnte vor dem 1. Advent einen meiner Gartenbäume mit großen elektrischen Kerzen schmücken. Es war eine Freude, diesen Baum strahlen zu sehen!

Mit seinem hellen Licht lässt er den Garten glänzen und verzaubert seine Umgebung. Er gibt mir in diesem Jahr zur Weihnachtszeit das Gefühl der Wärme und Geborgenheit zurück, das ich hier immer empfunden hatte.

Das Haus ist nun zu meinem Haus geworden. Die aufwendigen Baumaßnahmen waren anstrengend und kostspielig. Dennoch waren sie für meine innere Verfassung und mein weiteres Leben sehr wichtig.

Meine Straße

Ich wollte schon immer eine Geschichte über die Straße schreiben, an der ich 55 Jahre meines Lebens gewohnt habe und die für mich erinnerte Vergangenheit ebenso wie gelebte Gegenwart bedeutet.

Im Sommer 1965 zogen wir mit zwei kleinen Kindern, zu denen sich später noch ein drittes gesellte, an den Westrand von Köln nach Kleinkönigsdorf, das damals im Landkreis Köln lag. Nach der Gebietsreform in den siebziger Jahren wurde das Dorf dem neu geschaffenen Erftkreis zugeordnet und gehörte fortan zur Stadt Frechen.

Unsere neue Heimat war die Wildstraße, wo wir eines von 20 Einfamilienhäusern gekauft hatten, die dort im bäuerlichen Umland errichtet worden waren. Sie lagen zu beiden Seiten der Straße, die damals noch unbefestigt war, d. h. einen Lehmboden hatte, und die nach einem warmen Sommerregen diesen unbeschreiblich köstlichen Geruch verströmte, der die Kinder dazu verführte, sich in der Badehose in den gelben Pfützen zu wälzen und ihre Lebensfreude hautnah zu spüren bzw. lauthals kundzutun. Fehlende Umzäunungen der Gärten bargen aber auch große Gefahren für die kleinen Kinder, die oft über die Straße fortliefen, um die noch bestehende große Baustelle interessiert zu erkunden.

Schließlich wurden niedrige Jägerzäune entlang der bald asphaltierten Straße um die Grundstücke gestellt und meist mit einem Törchen zur Straße hin versehen. Jede Familie hatte nun ihr kleines Paradies, das sie individuell gestalten konnte. Da wir bewusst die Großstadt mit der ländlichen Idylle vertauscht hatten, erfreuten wir uns an dem Reichtum der Natur, die sich uns den Jahreszeiten entsprechend zum Staunen der Kleinen und Großen darbot.

Mütter mit ihren Kindern spazierten oft nachmittags über die Wildstraße und kehrten in den Gärten der Nachbarn ein, um dort gemeinsam zu spielen und zu erzählen. Helles, fröhliches Lachen zog dann die Straße auf und ab. Am Abend gesellten sich auch die Väter zu der Runde. Es roch angenehm nach Gegrilltem, die neuen Hausbesitzer tauschten ihre Erfahrungen aus, und manchmal wurden sogar mit gedämpfter Stimme Abendlieder gesungen.

Es war eine schöne Zeit damals hier draußen in unserer Straße in Kleinkönigsdorf, und wir fühlten uns wohl und geborgen. Bald war der zahlreiche Nachwuchs dem Kleinkindalter entwachsen und durfte auf der wenig befahrenen, schmalen Straße spielen. Rollschuhlaufen, Gummitwist, Federball- und Fußballspielen waren bei Jungen und Mädchen zur Lieblingsbeschäftigung geworden. Den ganzen Nachmittag waren jetzt laute, anfeuernde Rufe zu hören, vor allem aber das „Titschen" der Fußbälle, das die Anwohner viele Nerven kostete.

Damals begann der erste Wechsel der Anwohner, die aus verschiedenen Gründen von hier wegziehen wollten oder mussten, und in die frei werdenden Häuser zog eine meist jüngere Generation ein. Als unsere Kinder erwachsener wurden und in unserem Haus eine drangvolle Enge herrschte, erwogen auch wir einen Wegzug von unserer Straße in ein größeres Haus. Unsere Kinder vereitelten allerdings mit Erfolg diesen Plan: Sie wollten ihr Elternhaus und ihre Straße nicht verlassen. So blieben wir hier wohnen.

Es folgte eine Zeit der Ruhe und Beschaulichkeit für unsere Straße. Die Kinder hatten die Freude an den Straßenspielen verloren und verbrachten ihre Nachmittage in ihren Zimmern oder in verschiedenen Sportvereinen. Wieder einige Jahre später verließen sie ihre Elternhäuser, um ihre Berufsausbildung zu absolvieren. Sie versuchten sich in Selbständigkeit, reisten aber am Wochenende häufig wieder nach Hause. Dann parkte eine große Zahl von Kleinwagen der „Kinder" vor den Grundstücken der Eltern auf der engen Straße, die diese kaum verkraften konnte. Die Woche über lag die Straße verwaist, da sich das Leben der in die Jahre gekommenen Anlieger im Hause oder auf der Terrasse ruhig abspielte.

Während ich die Geschichte dieser meiner Straße aufschreibe, sitze ich oben am Schreibtisch vor dem Fenster und genieße den Blick über den Garten auf die vertraute schmale Wildstraße. Ich resümiere, dass bereits in der Hälfte aller Häuser ein Generationswechsel stattgefunden hat. Es gibt wieder kleine Kinder, deren fröhliches Lachen sich mit dem Zwitschern der vielen Singvögel mischt und die mit ihren Spielgeräten die enge Straße gefahrlos in Besitz nehmen. Auch Ballspiele sind noch wie früher verbreitet, und ich ertrage klaglos das „Titschen" der Fußbälle und das Johlen der Jugendlichen um den Basketballkorb. Meine Kinder haben vor 30 Jahren ebenfalls ihre Freude daran gehabt, und wenn heute die Enkel zu Besuch kommen, sind die Gärten und die Straße fast wie früher von Leben erfüllt.

Es ist angenehm, in unserer Straße älter zu werden, in der ich das Leben in seinen vielen Facetten erfahren kann. Sogar der Tod hat schon in vielen Häusern Einzug gehalten, und dort wohnt vielleicht statt einer Familie nur noch eine Person.

Ich denke, dass der Wechsel der Generationen, der hier stetig fließend stattfindet, diese Straße sehr lebendig erhält. Sie bietet Jung und Alt Geborgenheit durch die Verwurzelung in einer guten Nachbarschaft.

Trockenübungen

Vor einiger Zeit verbrachte ich ein paar wunderschöne Sommertage mit meiner Tochter, deren Mann und ihren zwei Kindern im Nordschwarzwald. Wir bewohnten dort eine Ferienwohnung, die im Besitz unserer Sippe war. Das Dorf lag auf einer Hochfläche, und es wurde gepriesen als „lichte Insel im Tannengrün". Alle fühlten sich sehr wohl in diesem Domizil, zu dem wir so oft wie möglich fuhren und das wir als eine zweite Heimat empfanden.

In diesem Urlaub wollten wir den Enkelinnen zuliebe häufiger das Thermalbad in Bad Herrenalb besuchen. Obwohl die Therme in der Regel von älteren Menschen bevorzugt wird und deswegen Ruhe in der Schwimmhalle geboten war, liebten sogar meine Enkelinnen im Grundschulalter den Aufenthalt in dem angenehm warmen Wasser. Sie durften zwar nicht vom Rand ins Wasser springen und herumtoben, aber dafür stellten sie sich gern an die starken Düsen, die den Körper massierten, oder sie schwammen durch eine Plastikwand nach draußen, wo sie sich das Wasser unter einer Fontäne über den Kopf fließen ließen.

In jeder Stunde zweimal erschien ein Schwimmlehrer am Beckenrand, und die meist älteren Badegäste führten seine auf dem Trockenen vorgestellten Übungen im Wasser aus. Es war lustig anzusehen, dass sich sogar die Kinder zu dem Bademeister wandten und die Wassergymnastik mitmachten.

Eines Nachmittags verabredeten wir uns wieder zum Schwimmen und gelangten – nach der üblichen Umzieh- und Duschprozedur – in die Schwimmhalle. Gerade war die Wassergymnastik im Gange. Als wir uns umschauten, trauten wir unseren Augen nicht: Ganz allein und exponiert stand ein alter Herr oben auf dem Beckenrand und turnte die Übungen im Trockenen mit!

Er war offensichtlich noch gar nicht ins Wasser gestiegen, denn sein Körper und seine Badehose waren noch trocken. Mühsam versuchte er, die Bewegungen des Schwimmlehrers nachzuahmen, die bei ihm sehr kraftlos und klein ausfielen. Hinter der hohlen Hand bedauerten wir ihn alle sehr, demonstrierte er doch mit seinen rührenden Bemühungen Hilflosigkeit und Gebrechlichkeit.

Da wir uns dann unserem eigenen Schwimmvergnügen hingaben, verloren wir ihn aus den Augen. Wir schwammen in das Außenbecken und erfreuten uns an der Sonne und der guten Luft draußen.

Zuerst sah ihn eine Enkelin und deutete auf den Beckenrand: Dort war wieder jener alte Herr von eben zu sehen! Sein Körper und seine Badehose waren noch immer trocken! Er ließ seinen Blick über die im Wasser schwimmenden und über die auf Liegen ruhenden Kurgäste schweifen wie über sein Publikum. Und tatsächlich hatten sich mittlerweile alle Augen auf den augenscheinlich hinfälligen alten Herrn „an Land" gerichtet.

Was wir jetzt geboten bekamen, hatten wir nicht erwartet: Dieser eben noch bemitleidenswerte Greis ließ sich unmittelbar am Beckenrand in den Vierfüßlerstand nieder, streckte seine Beine, spannte seinen ganzen Körper und vollführte einen formvollendeten Liegestütz! Es folgte ein weiterer, ebenso gekonnter. Jetzt konnte er seine eigenen Übungen absolvieren, an die er gewohnt war.

Mittlerweile hatten viele der Schwimmenden eine Sensation erkannt, blieben im Wasser stehen und verfolgten das Schauspiel, das der alte Herr ihnen bot. Das war wohl auch die Absicht des Athleten gewesen, denn er überraschte – angespornt durch so viele Zuschauer – sein Publikum mit insgesamt zwölf Liegestützen in Folge!

Seine Bewunderer hielten den Atem an, und als der Meister sich wieder in die Senkrechte erhob, begannen einige ältere Damen sogar zu applaudieren.

Das genoss der alte Herr offensichtlich und wandte siegesgewiss seinen nun straffen Körper den Badenden zu.

Ich murmelte kaum hörbar: „Donnerwetter, der alte Herr hat ja einen richtigen Waschbrettbauch!" Meine jüngere Enkelin, die die Situation sehr schlagfertig erfasste, fügte hinzu: „Ja, das ist eine Mumie mit Waschbrettbauch!"

Die Milseburgsänger

Sie treffen sich seit vielen Jahren immer montags, im Sommer um 14 Uhr, im Winter um 13:30 Uhr, in der auf 835 Höhenmetern gelegenen Milseburghütte.

Die Milseburg wird als „Perle der Rhön" bezeichnet. In der freundlichen Mittelgebirgslandschaft präsentiert sie sich dem Wanderer als schroffer Felsenberg, auf dessen Kuppe schon zu keltischer Zeit eine Fliehburg mit einem Ringwall stand. Zu diesem Ort, der seit jeher die Menschen zu sagenhaften Geschichten angeregt hat, reisen sie aus verschiedenen Orten der näheren und weiteren Umgebung sternförmig mit dem Auto an: aus Gersfeld, Fladungen, Elters, Künzell, Hofbieber, Neustadt, Eichenzell, sogar aus Fulda. Dann parken sie entweder am „Milseburger Hof" und wandern in 30 Minuten die serpentinenreiche, schmale Fahrstraße hinauf oder am „Grabenhöfchen". Von dort beträgt der Fußweg eine gute Stunde, wobei die letzten 20 Minuten aus einem extrem steilen Pfad bestehen, dessen Basaltsteine blank an der Oberfläche liegen und die Wanderung bei Regen und Eis zu einem gefährlichen Unterfangen werden lassen.

Sie, das sind die Milseburgsänger, im harten Kern eine Gruppe von etwa fünfzig älteren Menschen von 60 bis 80 Jahren, die sich der Pflege des Rhön- und deutschen Volksliedergutes verschrieben haben. Die Strapazen des Hinaufsteigens auf die Milseburg nehmen sie wöchentlich gern in Kauf, um begeistert zwei Stunden lang mit ungeahnt kräftigen schönen Naturstimmen im Milseburg-Sänger-Chor mitzusingen.

Da mein Gefährte Lothar und ich regelmäßig in der Rhön unseren Urlaub verbringen, nutzen wir, wenn es eben geht, die Montage, um dort aktiv das Sängerfest mitzugestalten. So erleben wir die Integrationsfigur dieser verschworenen Gemeinschaft: Martin Haas, einen alten Lehrer, der mit liebevoller und von allen akzeptierter Strenge das Wort führt. Wenn er die Hütte betritt, wird er von den anwesenden Sängern freudig willkommen geheißen und beklatscht, ehe er am Tisch neben der Tür Platz nimmt.

Jetzt begrüßt er alle Sänger und Sängerinnen und wendet sich dann den Musikern zu, die den Gesang begleiten werden. Es ist köstlich anzuhören, wie er seine Wertschätzung zum Ausdruck bringt, indem er ihre Namen adelt: Er zeigt auf „Reinhold von der Salzburg", der hervorragend das Akkordeon, im Rhöner Dialekt „Zerrwanst" genannt, spielt, auf „Otto von der Hammelburg", „Gregor von Kleinsassen" und manchmal noch auf andere, die das Akkordeon mit ihren Gitarren unterstützen. Als Nächstes sagt Martin aus einer Mappe von in Eigeninitiative gesammelten und immer wieder ergänzten Rhön- und Volksliedern den ersten Gesang an. In unregelmäßiger Reihenfolge werden dann von der Sängerschar die basaltnen Höhen, die dunklen Wälder und stillen Seen der Rhön, der blaue Himmel über dem Kreuzberg, der Heidelstein, das Rote Moor, die Wasserkuppe, die Fuldaquelle und natürlich die Milseburg besungen.

Wenn Gregor in der Stimmung ist, singt er ein Solo vom Riesen Mils, der der Sage nach unter der Milseburg begraben liegt, und erntet einen Sonderapplaus.

Zwischen Gruppen von Liedern liest Martin Haas den lauschenden Zuhörern von ihm fleißig gesammelte Sprüche und Sentenzen zum Nachdenken oder Schmunzeln vor, die er auch mehrfach ausgedruckt hat und an die Anwesenden verteilt. Manchmal gibt er auch Anregungen zum Besuch historischer Stätten der Umgebung.

So verklingt nach einer kurzweiligen Stunde der erste Teil des Sängerfestes, und eine kurze Pause schließt sich an. Diese wird entweder dazu benutzt, weitere Getränke und einen bescheidenen Imbiss bei der freundlichen Hüttenwirtin zu bestellen oder das nähere Umfeld der Hütte zu erkunden.

Auf einer Plattform oberhalb der Milseburghütte liegt nämlich die dem heiligen Gangolf geweihte Kapelle, die schon in spätmittelalterlichen Urkunden erwähnt wird und mit ihrer Außenkanzel noch heute die Wanderer bei bestimmten katholischen Festtagen zu einer Bergmesse einlädt. In diesem Jahr haben wir dort oben am 15. August die Kräuterweihe in einem stimmungsvollen Gottesdienst erlebt, als trotz Sturm- und Regenböen die Menschen vor der Kapelle andächtig ausharrten bzw. auf den Basaltsteinen bis hinauf zur Kreuzigungsgruppe des Gipfels betend saßen.

Der zweite Teil des Sängerfestes gestaltet sich wie der erste: Wieder wird das geliebte Rhöner Land besungen, das zum Wandern einlädt. Ganz besonders inbrünstig wird das „Hurra, die Milseburgsänger sind da" gesungen, so dass sich jeder in dieser Gruppe der verschworenen Gemeinschaft zugehörig fühlt, die seit vielen Jahren besteht. Dann und wann kommen auch kleine feine Messinghämmerchen zum Einsatz, wenn es heißt: „Es klippert, es klappert der Nagelschuh, und ich schlag froh den Takt dazu" oder wenn die „Abendglocken über der Rhön" angeschlagen werden.

Alte Volksweisen werden ebenfalls eingestreut, und so singen wir von hohen Tannen, bunten Fahnen, von freien Gedanken, von der Wirtin Töchterlein, vom Wildbretschütz und dem Jäger aus Kurpfalz. Regelmäßig bilden die beiden Lieder „Im schönsten Wiesengrunde" und „Kein schöner Land in dieser Zeit" den Abschluss der frohen Gesangsstunden.

„Otto von der Hammelburg", der jahrelang die Krebsstation eines Krankenhauses seelsorgerisch betreut hat und der vor und nach dem wöchentlichen Sängerfest stundenlang in der kleinen Küche der Hütte Hilfsarbeiten verrichtet, freut sich jedes Mal über neu in die Sammlung aufgenommene christliche Meditationslieder, die zum Innehalten aufrufen und manchmal den Sängern die Tränen in die Augen treiben.

Durch den lauten, inbrünstigen und wohlklingenden Gesang werden oft auch Wanderer angelockt, die in die Hütte hineinschauen und um ein Liederheft zum Mitsingen bitten. Viel zu eng ist es dann in den kleinen Hüttenräumen, die Tür wird geöffnet, und draußen sitzen junge Familien und Wandergruppen, die die Milseburg erklommen haben und aus frischen Kehlen mitsingen. Martin Haas ist jederzeit freundlich bereit, sie durch seine Ansagen miteinzubeziehen.

Ist dies möglicherweise von ihm vorausschauend gedacht? Möchte er die Tradition der Milseburgsänger an die jüngere Generation weitergeben? Sicherlich wäre es wünschenswert, wenn der harte Kern der älteren Milseburgsänger eine stetige Verjüngung erführe, so dass auch noch in vielen Jahren das Rhön- und Volksliedergut hoch oben auf der Milseburg gepflegt werden könnte.

Bis heute noch, bis zum Herbst 2020, schickt mir der hochbetagte Martin Haas in unregelmäßigen Abständen in einem über und über mit bunten Stickern beklebten Briefumschlag persönliche Grüße aus der Rhön und von den Sängern der Milseburg. Auch wenn mein Gefährte Lothar schon seit einigen Jahren verstorben ist, erfreut Martin mich noch immer mit seinen gesammelten Sinnsprüchen, die ich nun zu Hause lesen und abheften kann.

Mutter Erde

Bei einer Reise in die Rhön ist ein Besuch auf dem Kreuzberg obligatorisch. Zu diesem „Heiligen Berg der Franken" gelangt man auf vielfältige Weise: per Auto, per Bus oder per pedes. Am eindrucksvollsten ist sicherlich eine Wanderung hinauf zum Berg, wo die drei Kreuze hinunter ins Rhöner Land blicken.

Vom Ausgangspunkt im Tal geht man zunächst eine ganze Zeit über sanfte Wiesenwege vorbei an prachtvollen Silberdisteln und großen Herden von Rhönschafen, die mit ihren schwarzen Wollköpfen ein charakteristisches Aussehen haben. Sie werden gehütet von skurrilen Schäfern, auch Schäferinnen, deren Schlafwagen unweit der Weiden stehen. Über einen Panoramaweg mit herrlichem Blick auf Berge und Matten gelangt man schließlich nach einem letzten steilen und steinigen Anstieg zum Klosterkomplex des Kreuzberges, der im Mittelalter von Franziskanermönchen erbaut worden war.

Oben angekommen, sind die Wanderer erschöpft, sie haben hochrote Gesichter und wischen sich den Schweiß von der Stirn. Jetzt gilt es zunächst, den größten Durst mit einem Krug kühlen Klosterbiers zu löschen, ehe sie sich in eine lange Schlange stellen, um sich eine deftige Köstlichkeit aus der Klosterküche zu holen.

Nach dem Anstieg und dem schweren Essen auf dem Kreuzberg überfiel mich jedes Mal eine bleierne Müdigkeit. Da tat eine Rast auf einer Wiese gut, und Lothar liebte es, sich lang auszustrecken, seine Wanderkappe auf das Gesicht zu legen und zu entspannen. Ich dagegen bevorzugte den Besuch des Bruder-Franz-Hauses, das 2008 in einem der ältesten Gebäude des Klosters eingerichtet worden war. Hier wurde ein Ort der Spiritualität geschaffen, in dem die Menschen im Einklang mit der Natur neue Kraft schöpfen können.

Ganz im Sinne des heiligen Franz von Assisi, der Gottes Schöpfung im Gedicht vom Sonnengesang preist, wurden in diesem Haus Ruhe- und Meditationszonen für Besucher gestaltet. Da gibt es je einen Raum für die vier Elemente: In unterschiedlichen Farben und mit passenden Ausdrucksmitteln werden das Wasser, das Feuer, die Luft und die Erde dargestellt. Sie laden den Besucher ein, ohne Schuhe den entsprechenden Raum zu betreten und ihn in Stille auf sich wirken zu lassen.

Ich fühlte mich zu dem umschlossenen Bezirk der Mutter Erde hingezogen und ging hinein. Die Ruhe hier im Gegensatz zu dem Lärm auf dem Klosterhof konnte ich eindringlich spüren. Ich genoss sie und merkte, wie sich eine wohlige Entspannung langsam in mir ausbreitete.

Da entdeckte ich ein dickes Polster, auf das ich mich bequem setzen wollte. Nach einigen Minuten des Innehaltens war mir jedoch das eine Kissen zu wenig, und ich legte es mit zwei weiteren zu einem Lager zusammen. Darauf bettete ich meinen müden Körper und fühlte mich glücklich und zufrieden.

Ich muss wohl fest eingeschlafen sein, als ich ein Kind wie aus einer anderen Welt ausrufen hörte: „Guck mal, Mama, da liegt ja die Mutter Erde!"

Der Golfer

An einem Dienstagnachmittag fand, wie üblich, das Seniorengolfturnier statt. Ingrid und ich, die sich gut kannten und schon oft miteinander gespielt hatten, bildeten mit einem uns unbekannten Herrn ein Flight. Dieser stellte sich uns beiden Damen am Herrenabschlag des ersten Turnierloches mit seinem Namen und als Arzt und Psychotherapeut vor. Groß und recht gutaussehend, wirkte er sympathisch, und ich ging völlig unbefangen in dieses Spiel, obwohl er eine weitaus höhere Spielstärke als wir beide besaß.

Entsprechend seiner Überlegenheit scharte unser Mann seine beiden Damen zu einem Vorgespräch um sich: „Ihr müsst mir helfen, Mädels, und meine langen, schnellen Abschläge verfolgen, damit ich die Bälle wiederfinden kann!" Meine Partnerin schränkte ihr Sehvermögen gleich ein, ich aber betonte überflüssigerweise, ich hätte Adleraugen und könne Bälle immer leicht wiederfinden. Das freute ihn ungemein, und wir waren bester Stimmung.

Nun begann er mit der Vorbereitung für seinen ersten Abschlag: Zunächst wurde der Ball sehr sorgfältig auf das Tee gesetzt und ein kräftiger Probeschwung am Rande des Grüns ausgeführt. Zum Tee zurückgekehrt, fand unser Flightpartner die Stelle ungeeignet. Er wählte eine neue Position aus, hockte sich vor das Bällchen und justierte es liebevoll. Dann begab er sich an den Rand einer anderen Stelle des Grüns, um noch einmal mit seinem Driver wuchtig zu schwingen. Zu seinem verwaist wartenden Golfball zurückgekehrt, widmete er sich diesem erneut sehr eingehend, indem er ihn streichelnd in eine optimalere Position drehte und ihm beschwörend zuredete.

Am Ende der ausgedehnten Zeremonie gelang ihm ein derart guter Abschlag, dass die Funken regelrecht sprühten. „Phantastischer Ball", rief er, „so muss er sein, geradeaus bis mitten aufs Fairway! Das ist Golf, Mädels!" Offensichtlich hatte er seinen Ball verfolgen können.

Wir dagegen hatten seinen Ball aus den Augen verloren, schauten wir doch in das diffuse Gegenlicht dieses Herbsttages. Schuldbewusst blickten wir uns wie zwei Schulmädchen an, die ihre Aufgabe nicht zur Zufriedenheit des Lehrers ausgeführt hatten.

Nur so viel sei vorweggenommen: Der Ablauf der Abschläge sollte sich achtzehn Mal wiederholen! Jedes Mal vernahmen wir seinen begeisterten Ausruf: „Phantastischer Ball! Das ist Golf, Mädels!" Wir aber schwiegen fortan zu seinen Lobeshymnen und überließen das Finden der Bälle dem Zufall. Wir waren der Situation, mit einem so weit überlegenen Golfer zu spielen, nicht gewachsen.

Am Damenabschlag angekommen, waren meine Partnerin und ich abschlagbereit, und uns gelangen, entsprechend unserer Spielstärke, meist gute, manchmal zu kurze und wenige missglückte Abschläge. Dabei standen wir unter strenger Beobachtung, und sein Ausruf „Ihr müsst durchschwingen, durchschwingen, Mädels!" folgte jedes Mal.

Eigentlich wollte ich an diesem Seniorenturniertag unbelastet und fröhlich Golf spielen. Das Wetter war trocken und mild, und es herrschte diese Stimmung eines heiteren Herbsttages, der mit seinen grauen Schleiern Unangenehmes verhüllt und den Menschen Ruhe und Frieden in die Herzen gibt.

Zunächst schien das auch unser Supergolfer zu empfinden, wenn er uns lobte: „Es ist wunderbar, mit euch Golf zu spielen, Mädels!" Wie schön für ihn! Ich dagegen spielte wegen des ständigen Drucks unter meinen ohnehin bescheidenen Möglichkeiten und musste die ersten vier Löcher streichen.

Meiner Partnerin gab er zu verstehen, wir würden ihn mit unseren kurzen Schlägen ganz nervös machen. Er käme aus seinem Rhythmus heraus und könne sein Spiel nicht finden. Sie erwiderte wahrheitsgemäß, dass er den gleichen Zustand auch bei uns erzeuge. Kurz, die gute Spiellaune verminderte sich von Loch zu Loch.

„Ich möchte mich am liebsten von diesem Turnier verabschieden", dachte ich eine Zeit lang. In dieser misslichen Situation siegte in uns Frauen jedoch ein ehrgeiziger Durchhaltewille: Uns beiden gelangen wieder die langen Bälle. „Was ist denn mit euch los, Mädels, ihr könnt ja auf einmal Golf spielen!" „Frauen sind eben unergründlich, und Männer sind nicht in der Lage, sie zu durchschauen", warf ich beiläufig ein, worauf er konterte: „Ich halte mich für einen hervorragenden Frauenkenner!" Diese Aussage ließen wir nicht nur im Hinblick auf die Turniersituation unkommentiert stehen.

Als wir an das Loch mit dem angekündigten „Longest Drive" für die Herren kamen, wagte meine Partnerin den ehrlich gemeinten Ausspruch in Richtung unseres Profis: „Bei deinen phantastischen langen Abschlägen könntest du das wohl schaffen!" Das war jedoch zu viel für seine Psyche! Er flippte aus und schlug seinen Ball voller Wut in einen weit entfernten Bunker. Dann sprach er vorerst kein Wort mehr mit uns!

Uns beiden war das recht, wir spielten nun konzentrierter und besser, weil wir in Ruhe gelassen wurden. Da ein 18-Loch-Golfturnier sich über viele Stunden hinzieht, hatte sein Schweigen leider bald ein Ende. Als er wieder einmal sein „Das ist ein phantastischer Schlag, Mädels, so spielt man Golf!" hinausschrie, fügte er noch gönnerhaft hinzu: „Ich mache es euch doch vor, Mädels, ihr müsst nur ebenso schlagen und durchschwingen, d u r c hschwingen!" „Wir haben genug Frauenpower, um allein gute Schläge auszuführen, und wir brauchen dein Vorbild nicht", erwiderte ich ihm gereizt und fragte provozierend: „Warum spielst du eigentlich nicht beim Herrengolfturnier mit? Dort müsstest du nicht gegen ältere Damen mit kurzen Schlägen kämpfen!" Sein Schweigen statt einer Antwort war vielsagend!

Beim Putten erfolgten grundsätzlich ähnliche zeitraubende und nervtötende Vorbereitungen wie beim Abschlag. Eines kam hier noch dazu: Wir als seine Flightpartnerinnen standen immer an der falschen Stelle! Mir sind die Regeln beim Verhalten auf dem Grün durchaus bekannt, aber für ihn waren sie absolut unzureichend. Er wandte sich an uns: „Bitte mehr nach rechts, nach links, weiter nach vorn, nach hinten, zur Seite!" Zusätzlich unterstrich eine wegwischende Bewegung mit der rechten Hand sein Begehren. Hinzu kam, dass die Fahne falsch lag, ein Blatt störte, ein Vogel sang ... Wir beide verharrten bewegungslos und schweigend, bis der Ball ins Loch gefallen war. Dann freute er sich wie ein Kind: „Ich sage ja immer, anpeilen und ... wusch!, fällt das Bällchen ins Loch!"

Manchmal, wenn er einen langen Put bewältigen musste, rollte der Ball trotz gehöriger Vorbereitung einen Meter über das Loch hinaus. „Ein phantastischer Put bei dieser Länge, einfach phantastisch!" Da ich nach dem bisherigen Spielverlauf verständlicherweise sehr gereizt war, rief ich ihm zu: „Wieso phantastisch? Bei deiner Spielstärke hättest du den Ball doch in einem Zug ins Loch putten müssen!"

Um das Fazit dieses Golfnachmittags zu nennen: Meine Partnerin und ich hatten eher unter unserem Niveau gespielt, er dagegen hatte sein ohnehin sehr gutes Handicap um 0,3 Punkte verbessert.

Doch statt sich über die Unterspielung zu freuen, die ihm im Beisein von uns netten Damen – dieses Eigenlob sei uns verziehen – gelungen war, ging er hin und klagte: „Wenn die beiden nicht in meinem Flight gewesen wären, hätte ich leicht 5 Punkte mehr erreichen können!"

Bounty

„Oma, ich möchte so gern einen Hund haben", äußerte meine zehn-jährige Enkelin jeden Morgen mit bittender Stimme, wenn wir beide Hand in Hand in Dahme die Frühstücksbrötchen holten. In diesen hüb-schen Familienbadeort an der Ostsee fuhr ich viele Male nach dem Tod meines Mannes mit meiner Tochter und meinen beiden Enkelinnen in den Herbstferien.

Ein Hund für die Familie! Welch verlockende Aussicht! Ich konnte meiner Enkelin nur immer wieder gut zureden und ihr raten, geduldig abzuwarten, bis die Eltern eines Tages einwilligen würden, einen zu er-werben.

Und tatsächlich war dieser Tag ein Jahr später gekommen. Ich hörte, anfangs eher beiläufig, später oft und eindringlich, dass die Familie sich für den Kauf eines Labradors entschieden hatte. Immer, wenn wir uns sahen, gab es nur noch ein Gesprächsthema: Sie hatten einen Züchter im Westerwald gefunden, und im September sollte ihr noch unbekannter Wunschhund mit vielen Geschwistern geboren werden.

Jetzt begannen regelmäßige Besuchs- und Kennenlernfahrten aller Familienmitglieder zu den Hundebesitzern, ehe sie sich für einen Wel-pen entscheiden konnten. Die Auserwählte war schließlich eine braune Labradorhündin, die den Namen „Bounty" erhielt, abgeleitet von einer wohlschmeckenden Süßigkeit mit Schokoladenüberzug.

Bounty zog am 9. Dezember 2004 in das Haus und die Familie mei-ner älteren Tochter ein. Von Anfang an wurde sie von allen geliebt und als Familienmitglied eingestuft. Sie hatte einen angenehmen Charakter, war lieb und anhänglich, ohne verschmust zu sein, und hielt sich an die Regeln, die sie in der Hundeschule und bei ihren neuen Besitzern lernte.

Mein Schwiegersohn war eindeutig ihr Rudelführer, aber sie ließ sich auch von den beiden Enkelinnen und von meiner Tochter gut leiten. Aus Sorge, dass dieser hübsche und liebenswerte Hund in der Familie allzu sehr vermenschlicht würde, entwarf mein Schwiegersohn einen kleinen Regelkatalog, dessen erster Paragraph lautete: „Bounty ist ein Hund und wird als solcher behandelt."

Eines Tages fuhr ich mit der Enkelin, die sich damals so inbrünstig einen Hund gewünscht hatte, und Bounty für ein verlängertes Wochen-ende in unsere Wohnung im Schwarzwald. Dort unternahmen wir zu dritt eine lange Wanderung von Kaltenbronn zum Wildsee. Wie glück-lich war meine Enkelin, als sie mit dem Hund an der Leine beschwingt und fröhlich neben mir wanderte!

Bei einer Rast am Wildsee näherte sich uns ein einzelner Mann und wollte aufdringlich werden. Da griff Bounty ein, erhob sich und knurrte den Fremden drohend an. „Ist dieser Hund gefährlich?", fragte der Mann ängstlich. „Ich würde Ihnen raten, dass Sie sich davonmachen!", erwiderte ich bestimmt und war innerlich erleichtert. Bounty hatte nämlich soeben bewiesen, dass sie uns beschützen kann, auch ohne die unangenehm laute Waffe des Bellens einzusetzen.

So vergingen viele glückliche Hundejahre, in denen Bounty zu einer unverwechselbaren Persönlichkeit heranreifte. Ich konnte miterleben, wie sie auf ausgedehnten Spaziergängen im Königsdorfer Wald mit anderen Hunden ausdauernd herumtobte und dabei große Strecken zurücklegte. Ihr Gesundheitszustand war gut, nur manchmal erbrach sie, wenn sie zu viel von den Zuckerrüben oder anderen unbekömmlichen Dingen unterwegs gefressen hatte.

Dann brachen schwere Schicksalstage über die Familie meiner Tochter herein: Mein Schwiegersohn starb nach kurzer, schwerer Krankheit im Januar 2013 im Alter von 52 Jahren. Die große Trauer der Angehörigen erfasste auch Bounty, denn ihr Rudelführer war ihr genommen worden, und sie vermisste ihn. Jeden Tag zur selben Zeit legte sie sich vor die Haustür und wartete auf ihn wie früher nach Büroschluss. Als das vergeblich war, nahm sie neben dem Sessel Platz, auf dem mein Schwiegersohn in seiner fortgeschrittenen Krankheit immer gelegen hatte, und trauerte weiter.

Schließlich verkaufte meine Tochter ihr Haus auf dem Lande und zog nach Köln. Bounty gewöhnte sich sehr schnell an das Leben in einer Wohnung und im nahen Stadtwald, wo sie auf einer Hundewiese laufen und mit ihresgleichen tollen konnte.

In ihren späten Jahren wurde Bounty dann behäbiger und langsamer. Ich kam gut mit ihr zurecht, wenn sie mich manchmal an einem Wochenende besuchte. Sie blieb dann unten in der Diele auf ihrem Kissen liegen, wie sie es in ihrer Kindheit gelernt hatte und vermied die Treppe in die oberen Schlafräume. Wenn ich mit ihr eine Runde durch die Felder ging, jagte sie immer noch jedem Häschen nach, musste aber resignierend feststellen, dass diese schneller waren als sie.

Als Bounty vierzehn Jahre und sechs Monate alt war, wurde sie am 12. April 2019 von ihren zunehmenden Beschwerden erlöst. Sie wurde von meinen beiden Enkelinnen, meiner Tochter, der großen Familie und den vielen Freunden lange betrauert und vermisst.

Der Flusensammler

Mein Gefährte Lothar war ein intelligenter, feinsinniger Mann, der eine ausgeprägte Marotte, nämlich das Flusen-Sammeln, hatte. Er selbst konnte darüber lachen, wenn er von seiner Familie oder von mir deswegen auf den Arm genommen wurde. Ich konnte es also wagen, eine Persiflage über ihn und seine spezielle Angewohnheit zu schreiben.

Dies ist die Geschichte einer ganz besonderen Spezies Mensch, einer seltenen gar, nämlich des Flusensammlers, in Folgenden FS genannt.

Der Flusensammler geht im Haus vorwiegend mit gesenktem Kopf umher, was nicht etwa seiner devoten Geisteshaltung entspricht, sondern ganz eindeutig ausschließlich der Lust an der Entdeckung neuer Flusen dient. Dazu muss man den Begriff „Flusen" genauer definieren: Diese sind nämlich im weitesten Sinne alle Kleinpartikel, die man in den Wohnräumen auf dem Boden finden kann, z. B. Fusseln, also kleinste Teile von textilen Fasern, ferner Brotkrümel, tote Insekten oder Samenplättchen, die durch das offene Fenster von draußen ins Zimmer fliegen und sich dort auf dem Fußboden niederlassen.

Der FS entdeckt sie sofort! Sie haben keine Chance, längere Zeit auf dem Boden zu verweilen, denn den FS treibt die Furcht, diese könnten in die textilen Fasern des Bodenbelages getreten werden und dort Schaden verursachen. Also holt der FS die Kehrschaufel und den Handfeger mit den harten Borsten hervor und beginnt, die Flusen aufzufegen. Mit einigem Schmunzeln kann man ihm dann bei seiner lustvollen Tätigkeit zuschauen: Er fegt die Flusen zusammen, nicht etwa mit wilder Geste oder nachlässigen Bewegungen, sondern er streicht bzw. streichelt liebevoll über den Teppich, mal in die eine, mal in die andere Richtung, bis jedes Krümelchen seinen Platz auf der Kehrschaufel gefunden hat. „Schau mal, wie viel Schmutz sich wieder angesammelt hat!", frohlockt er nach getaner Arbeit und will für den Kehricht auch noch ein gebührendes Lob einholen.

Die Anregung, doch einen Staubsauger als Reinigungsmedium einzusetzen, weist er empört zurück, da er als FS dieses als nicht artgerecht empfindet.

Da der FS in der Wohnung die Augen stets nach unten richtet, entdeckt er oft auch einzelne Flusen, die eines Handfegers nicht bedürfen. Diese nimmt er dann zwischen gestrecktem Daumen und Zeigefinger auf und entsorgt sie im Mülleimer, wofür er durchaus zimmerübergreifende Gänge inkaufnimmt.

Häufig strapaziert der FS die Toleranzfähigkeit seines Gegenübers, wenn er z. B. während eines gemütlichen Frühstückes plötzlich eine Brotkrume unter dem Tisch entdeckt! Er kann nicht weiter frühstücken und ruht nicht eher, bis er diese vom Boden aufgepickt hat. Dazu unterbricht er durchaus ein interessantes Tischgespräch. Da er aber ganz in die liebgewonnene Arbeit des Flusen-Sammelns vertieft ist, nimmt er meist die drohende Haltung seiner Partnerin gar nicht wahr.

Nun kann man sich vorstellen, dass die Art des Bodenbelages eines Raumes für den FS von großer Bedeutung ist. Wer sieht schon auf einem hellen Parkettboden, auf terracottafarbenen Fliesen oder einem leicht gemusterten Linoleumboden kleinste Flusen? Da ist das Auge des FS diesem gnädig und bewahrt ihn vor permanentem Bücken, Sammeln und Entsorgen.

Aber welche Wonne verströmt ein dunkelbrauner Teppichboden! Dieser ist einem FS auf den Leib geschneidert und lässt ihn ohne Unterlass seiner Sammelleidenschaft frönen. Eben noch akribisch abgefegt, entdeckt er beim Verlassen des Zimmers doch tatsächlich ein weiteres zu entfernendes Füsselchen und in der Ecke noch eins. Böse Zungen behaupten, dass genervte Partnerinnen auch schon einmal gezielt einige Flusen auf dem Teppich verteilen, um für eine nie endende Beschäftigung durch den FS zu sorgen.

Eine ganz besondere Lust bedeutet für den FS das Flusen-Sammeln aus einer erdnahen Perspektive. Dazu muss man wissen, dass dieser jeden Tag gewissenhaft eine bestimmte Abfolge von Freiübungen zur Stärkung seiner Rückenmuskulatur absolviert. Zu diesem Zweck rollt er eine Decke zusammen und legt sie auf den Fußboden. Während er bäuchlings auf der Rolle liegt, führt er in dieser für Schultern und Arme schwebenden Haltung kraftvolle Bewegungen aus.

Diese fünf Minuten nimmt er sich jeden Tag, und sie werden ihm nie zu viel, weil er doch hautnah am Ort des Geschehens die Flusen gleich vor seinen Augen und in seiner unmittelbaren Reichweite entdeckt. Er müht sich hochroten Kopfes mit den Kraftübungen ab und nimmt gleichzeitig hier und da in seiner Umgebung eine Fluse auf. Diese hält er zwischen dem gestreckten Daumen und Zeigefinger fest, wobei er es durch jahrelanges Training geschafft hat, eine stattliche Anzahl von Flusen auf diese Art sicher zu bewahren, bis er sie nach getaner sportlicher Arbeit dem Mülleimer anvertrauen kann.

Genau genommen ist die Tätigkeit des Flusen-Sammelns eine konstruktive mit dem Ziel der Sauberkeit der eigenen Wohnungsböden, und in jedem von uns steckt zuweilen ein kleiner FS.

Der oben beschriebene Flusensammler allerdings liebt es lupenrein!

Ist es da verwunderlich, dass ihm von liebevollen Menschen einmal eine stark vergrößernde Lupe geschenkt worden ist? Sie sollte ihm die tägliche Arbeit des Flusen-Sammelns erleichtern. Aber der FS nahm sie nicht als Hilfe an. Er schaute nur durchaus verständnisvoll die Schenker an und räumte das Glas später nach verborgenen Gesichtspunkten aus seiner Reichweite an einen beliebigen Ort, wo er es vergaß.

Und was wünscht man so einem Flusensammler für die Zukunft? Natürlich immer neue Flusen für seine lustvolle Tätigkeit und Menschen in seinem Umfeld, die ihn trotzdem mögen.

Der Totgesagte

Im Februar hatten wir noch mit ihm gesprochen, dem sympathischen Herrn Groß, dem Hausmeister der Ferienanlage in der Rhön, in der mein damaliger Gefährte Lothar eine Wohnung besaß. Er, der die letzten Monate unter seiner Lungenkrebserkrankung und einer Reihe von Chemotherapien gelitten hatte, machte auf uns einen erfreulich guten Eindruck. Seine Blutwerte seien in Ordnung, versicherte uns der 57-Jährige, er fühle sich wieder wohl und erfreue sich an der Arbeit in der Wohnanlage. Im Juni wolle er deshalb mit seiner Frau wieder einmal nach Tunesien reisen.

Im April mussten wir für wenige Tage erneut in die Wohnung fahren. Wegen der vielen Baustellen auf der Autobahn erreichten wir am Nachmittag ziemlich erschöpft unser Ziel. Gewohnheitsmäßig trugen wir zuerst unser Gepäck in die ebenerdige Wohnung, zogen die Rollladen hoch und öffneten die Fenster, um die warme Luft hereinzulassen, ehe wir erleichtert tief durchatmeten.

Die Rhön erfreute uns jedes Mal mit ihren herrlichen Tälern und sonnigen Höhen, deren Wälder vor Zeiten abgeholzt und nie mehr aufgeforstet worden waren. Einsame Wanderwege durchzogen dieses Mittelgebirge, und die gute Luft war sprichwörtlich.

Nach einer kurzen Rast in der Wohnung wollte ich noch etwas aus dem Auto holen. Als ich an den Briefkästen vorbeikam, sah ich erst jetzt die Todesanzeige, die jemand darüber mit Tesafilm angeheftet hatte! Schwarz auf weiß las ich zu meinem Entsetzen den Namen „Siegfried Groß", der vor einigen Tagen verstorben und auch schon beerdigt worden war. Ich dachte sofort an den Hausmeister, und mir lief ein Schauder über den Rücken. Fassungslos starrte ich auf das Schriftstück, und mir schossen die Tränen in die Augen. „Er fühlte sich doch gesund, hatte wieder Lebensmut, und acht Wochen später ist er schon gestorben!", resümierte ich traurig.

Am nächsten Morgen beim Frühstück hörte ich draußen ein lautes Geräusch, das ich nicht deuten konnte. Ich öffnete das Badezimmerfenster und erkannte ohne Brille nur ungenau einen Mann, der die Einfahrt mit einem Laubsauger reinigte. „Es ist wohl schon ein Nachfolger für Herrn Groß gefunden", dachte ich bei mir. Ich holte meine Brille und schaute aus einem anderen Fenster.

Ich traute meinen Augen nicht. Herr Groß arbeitete so wie immer in der Wohnanlage. Wie war das möglich? Als ich die Todesanzeige noch einmal genauer las, stellte ich fest, dass nur der Nachname des Toten, der mir sofort ins Auge gesprungen war, mit unserem Hausmeister übereinstimmte. Vorname, Geburtsjahr und Adresse aber differierten. Der Namensvetter hatte vor Jahren die Hausverwaltung innegehabt und war hochbetagt gestorben. Unser Herr Groß dagegen lebte.

Mir fiel ein gewaltiger Stein vom Herzen: Ich hatte mich getäuscht, und die makabre Geschichte hatte einen guten Ausgang genommen.

Ilmenau – Himmelblau

Nachdem Lothar und ich im April ausführlich Weimar erlebt hatten, wollten wir wenige Monate später weiter auf Goethes Spuren wandern und Ilmenau besuchen, das sich für die Touristenwerbung den Slogan „Ilmenau - Himmelblau" ausgedacht hatte. Das Städtchen war uns unbekannt, und ich bedauerte sehr, meinen noch aus der DDR-Zeit stammenden Reiseführer zu Hause vergessen zu haben.

Das sollte sich aber bald als gar nicht so schlimm erweisen. Es war gegen 11 Uhr am Vormittag, als wir nahe der Altstadt unser Auto parkten. Wegen der großen Augusthitze gingen nur wenige Menschen über den flirrenden Asphalt ihren Geschäften nach, und so fragte ich die nächste mir begegnende Frau, die langsam die bergige Straße in unsere Richtung heraufkam, nach dem Weg ins Zentrum von Ilmenau. Sie schaute mich aus himmelblauen Ilmenauer Augen freundlich an und erbot sich spontan, uns dorthin zu führen.

Diese alte Dame von – wie sie uns stolz erzählte – 84 Jahren wurde für die nächsten zweieinhalb Stunden unsere ganz private Stadtführerin. Es wurde aber auch für sie eine interessante Reise durch ihr langes, von unterschiedlichen politischen Verhältnissen geprägtes Leben.

1924 geboren, verbrachte sie ihre Kinderjahre wohlbehütet in einem liebevollen, begüterten Elternhaus, das sie uns auf unserem Rundweg durch Ilmenau auch zeigte, ebenso wie die Straßen, Wiesen und Plätze, auf denen sie mit ihren Freunden unbeschwert gespielt hatte. Das war in den dreißiger Jahren gewesen.

Als Bewohnerin der Goethestadt Ilmenau, in der der große Dichter in seiner Eigenschaft als Bergbauminister des Herzogs Carl August von Sachsen-Weimar häufig gewesen sein soll, konnte uns die alte Dame eine ganze Menge aus dessen Leben erzählen. Stolz setzte sie sich auf dem Marktplatz auf eine Bank vor dem „Amtshaus", das die Bevölkerung „Schloss" nennt, neben die Bronzefigur des Dichterfürsten.

Allmählich wurden uns die Ausführlichkeit ihrer Erklärungen und die Vielzahl der Orte, zu denen wir hingeführt wurden, fast zu viel, und wir wären lieber aus der Stadt hinaus in die Thüringer Wälder gewandert. Aber wir wollten die freundliche Dame, die immer noch rüstig neben uns herschritt und die so viel zu erzählen hatte, nicht so lieblos stehen lassen.

Unsere liebenswerte Stadtführerin gelangte mit uns nun zum Apothekermarkt und zeigte uns das Haus, in dem sie in der DDR-Zeit als verantwortliche Verwaltungsangestellte der HO-Betriebe gearbeitet hatte.

Auch zur nahen Stadtkirche geleitete sie uns, ging allerdings nicht mit uns hinein. Sie setzte sich draußen auf eine Bank, offensichtlich eine gewisse Müdigkeit nach der langen Besichtigungstour vorschützend, um nicht sagen zu müssen, dass sie zur Kirche keine Beziehung hatte.

Als wir anschließend die Marktstraße wieder zum Ausgangspunkt hinaufgingen, erlaubte ich mir die Bemerkung, dass in den vielen kleinen Einzelhandelsgeschäften doch jetzt wieder alles verkauft werden könne. Sie schaute mich ganz verwundert an und wehrte dann lächelnd ab, indem sie uns klar zu verstehen gab, dass hier auch vor der Wende alles vorhanden gewesen sei.

Sie vergaß in ihrem hohen Alter sicherlich, dass sie zu den Privilegierten des DDR-Regimes gehört hatte. Dieser Personenkreis konnte u. a. in den Genuss der „Bück-dich-Ware" gelangen, die unter dem Ladentisch verkauft wurde und zu der die „normalen" Bürger keinen Zugang hatten.

Da das Café am Marktplatz an diesem Tage geschlossen hatte, luden wir unsere Stadtführerin zu einer Thüringer Bratwurst im Freien ein, die sie gern annahm.

Bei diesem einfachen Picknick auf einer Bank kamen wir mit ihr noch einmal vertiefend ins Gespräch: Sie habe doch in ihrem langen Leben so eine politische Vielfalt erlebt, über die Weimarer Republik, den Nationalsozialismus, das DDR-Regime bis hin zur Wende mit der Eingliederung in die Bundesrepublik Deutschland, bemerkte ich. Ob sie denn sagen könne, dass die Verhältnisse heute besser seien als früher?

Sie schaute mich mit ihren himmelblauen Ilmenauer Augen erstaunt an und erwiderte dann mit fester Stimme:

„Es ist schön, wie es war, und gut, wie es ist."

Mit 84 Jahren hatten sich die unterschiedlichen politischen Verhältnisse für sie so vermischt, dass sie heute auf ein langes, glückliches Leben zurückblicken konnte, in dem keine Kritik an einzelnen politischen Phasen mehr geübt wurde.

An die Jahre, die ihr noch blieben, hatte sie keine Forderungen mehr, und das tägliche Einerlei absolvierte sie mit Gelassenheit. Jeden Tag ging sie die Straße bergan zum Grab ihres Mannes und setzte sich dann bei gutem Wetter an den Schwanenteich. „In meinem hohen Alter warte ich auf den Tod", resümierte sie und wirkte dabei nicht resigniert, sondern zufrieden mit dem Lauf der Dinge.

Lebensphilosophie

In diesem Jahr hatten Lothar und ich uns als Reiseziel die Stadt Sorrent in Süditalien ausgesucht, wohin ich früher schon mit meinem Mann gereist war, die aber mein Gefährte noch nicht kannte. Sorrent war ein geeigneter Mittelpunkt, um zu verschiedenen Besichtigungsorten zu gelangen, die wir zum Teil mit der Vesuviana, einer kleinen Lokalbahn, erreichen konnten. Das Wetter war herrlich, und wir genossen das südliche Flair der Landschaft in vollen Zügen.

An einem Morgen fielen sie mir in unserem Hotel zum ersten Mal auf. Fest ineinandergehakt gingen sie vor mir: Zwei Menschen, zu einer Einheit verschmolzen, die allen Gefahren dieser Welt trotzen konnten. – Später sah ich sie in einem Park oberhalb der Amalfitana wieder: Zwei Menschen, die von ihrer äußeren Gestalt her nicht unterschiedlicher hätten sein können.

Sie waren ein interessantes Paar, das meine Aufmerksamkeit sofort weckte. Zunächst fiel sie auf, denn sie war eine Hünin von einer Frau, die ihr imponierendes Äußeres durch wallende Gewänder und eine üppige dunkle Lockenpracht betonte. Ihr Gesicht war dagegen wenig anziehend, eher neutral, so wie es Tausende von Frauen jenseits der fünfzig eben haben: Man schaut es flüchtig an und vergisst es wieder.

Ihr Gefährte dagegen grub sich nachhaltig in meine Erinnerungen ein. Er war ein auffallend kleiner zartgliedriger Mann mit grauem Haar, der sich aufgrund seines offensichtlich hohen Alters sehr konservativ kleidete. Trotz Sonne und Wärme im südlichen Italien hatte er für diese Exkursion einen grauen Anzug mit Weste, weißes Hemd und Schlips gewählt. Aber welche Ausstrahlung hatte dieser alte Herr!

Es war sein Lächeln, das die Menschen seiner Umgebung für ihn einnahm.

Auf dem Weg durch den herrlichen Garten am Rande von Ravello kam ich mit ihm ins Gespräch. Bereitwillig erzählte er mir, dass er Professor für Statistik in Deutschland gewesen sei und sein Abitur im Jahre 1939 noch vor Beginn des Zweiten Weltkrieges in Dresden bestanden habe. „Dann sind Sie ja 90 Jahre alt!", entfuhr es mir bewundernd. Wieder verwandelte dieses besondere Lächeln sein noch glattes und wohlgestaltetes Gesicht zu einer Bestätigung.

Wir spazierten nebeneinander durch die blumengesäumten Alleen mit dem atemberaubenden Blick auf das Meer. Auf mein Kompliment bezüglich seines erheblich jüngeren Aussehens unterbreitete er mir seine Lebensphilosophie: Die Maxime seines langen Lebens seien immer die drei „Ls" gewesen, nämlich das Lernen, das Laufen und das Lieben, die die Ganzheitlichkeit des Menschen umfassen. Er aber habe diesen drei „Ls" seit frühester Jugend noch ein viertes „L" hinzugefügt: Das Lächeln! Das habe ihn seiner Meinung nach so jung und kommunikationsfreudig erhalten, denn das Lächeln sei doch der kürzeste Weg zwischen zwei Menschen und eine Brücke zur Verständigung.

Nach dieser Aussage suchte der kleine Herr mit den Blicken seine stattliche Gefährtin. An mich gewandt fügte er noch hinzu: „Wissen Sie, vor vier Jahren verstarb meine Frau", und mit dem Hinweis auf seine Begleiterin fuhr er liebevoll fort: „Dann habe ich sie gefunden ...!" Er hakte sich wieder fest bei ihr ein: „Sehen Sie, jetzt kann mir nichts mehr passieren!"

Im Weitergehen schaute sich der Professor noch einmal zu mir um, und sein Gesicht war ein einziges Lächeln zur Bestätigung seiner Lebensphilosophie. Ich werde mir sein Lächeln merken.

Eine Odyssee

Während des Aufenthaltes in Sorrent hatten Lothar und ich ein weiteres, ungleich bedeutsameres Erlebnis.

Eines Morgens fuhren wir mit der Gruppe der Reisegesellschaft im Bus zu der Stadt Ravello, die über einem steilen Hang oberhalb der Küstenstraße von Amalfi liegt. Das Wetter war herrlich, und die Sonne schien heiß von einem strahlend blauen Himmel, als wir durch den berühmten Park schlenderten, in dem einst die Kaiserin Sissi Genesung von ihrer Lungenkrankheit suchte.

Die Reiseteilnehmer waren nach zwei Stunden Spaziergang müde, erschöpft und durstig, so dass ein Mittagsmahl in einem Restaurant mit Aussicht auf das Mittelmeer sehr verlockend war. Uns wurde ein leichtes Essen serviert, die Getränke standen in Karaffen auf dem Tisch. Zu spät bemerkte ich, dass Lothar seinen Durst mit dem köstlichen Weißwein stillte. Er schenkte sich immer wieder sein Glas voll und lehnte, trotz meiner besorgten Ermahnungen, das Trinken von Wasser ab.

Nach Beendigung der Mittagspause stand die Besichtigung des Doms auf dem Programm. Während wir alle dorthin gingen, wollte Lothar eine Toilette aufsuchen und danach im Dom wieder mit uns zusammentreffen.

Ich war unkonzentriert bei der Führung und schaute immerfort auf das große Domportal, durch das Lothar hätte hereinkommen müssen. Die Minuten des Wartens vergingen quälend langsam, und ich schaute alle paar Sekunden auf die Uhr. Schließlich verließ ich die Gruppe und begann, ihn zu suchen. Ich schaute in alle Bars und rief verzweifelt seinen Namen. Da der Dombezirk in Ravello übersichtlich ist und ich schnell alle dort befindlichen Toiletten abgesucht hatte, musste ich feststellen, dass Lothar hier nicht zu finden war.

Aber wo war er geblieben? Meine Reisegruppe versammelte sich bereits zur Rückkehr nach Sorrent, aber ich brachte es nicht übers Herz, mich ohne Lothar von hier zu entfernen. Unser Reiseleiter half mir noch, eine genaue Personenbeschreibung meines verschollenen Gefährten bei der Polizei durchzugeben. Er beruhigte mich, dass nun die Behörden von ganz Süditalien über den Vermissten informiert seien. Dann fuhr der Bus ab und ließ mich, die ich ohne italienische Sprachkenntnisse war, allein zurück.

In meiner Not wandte ich mich schließlich an eine englische Reiseleiterin, mit deren Gruppe ich dann schließlich nach Sorrent zurückfuhr.

Ich war erschöpft und ratlos, als ich unser Hotel erreichte. Dort setzte ich mich in der Abendsonne auf die Terrasse, nahm aber die wunderbare Stimmung gar nicht wahr. Wie blutleer saß ich da und konnte keinen vernünftigen Gedanken fassen.

Da ich keinen Bissen hätte hinunterbringen können, ließ ich das Abendessen ausfallen, gesellte mich aber um 20 Uhr wieder zu der Gruppe. Dann wollte nämlich der Reiseleiter in der Hotelbar einen Chanson-Abend geben, und ich dachte mir, dass ein wenig Ablenkung meine trüben Gedanken aufhellen könnte.

Und so war es wirklich! Der etwas füllige Reiseleiter hatte sich in einen schmachtenden Sänger verwandelt! Seine welligen Haare waren eingeölt und kringelten sich in Locken zu beiden Seiten des Gesichts. Er trug einen wallenden Brokatmantel und intonierte mit großen Gesten bekannte Weisen wie „O Sole mio", während die Bar in ein schummriges Licht getaucht war. Der Auftritt verfehlte seine Wirkung nicht, und alle Anwesenden waren bester Stimmung, sie klatschten in die Hände, scherzten und lachten.

Auch mir war es gelungen, in diese Atmosphäre einzutauchen. Nach einiger Zeit wurde ich jäh in die Wirklichkeit zurückgeholt, als zwei Polizisten ziemlich lautstark in die Bar stürmten. Es handelte sich jedoch nicht um eine Verbrecherjagd, sondern sie brachten mir meinen vermissten Lothar zurück! Von mir fiel die Angst der letzten sieben Stunden ab, denn so lange war er vermisst gewesen. Alle Menschen in dem kleinen, halbdunklen Raum, die über das Geschehene informiert waren, begrüßten ihn mit minutenlangem Applaus und gaben ihrer Freude über den verlorenen und wiedergefundenen Sohn Ausdruck.

Lothar erzählte mir später, dass er noch nie in seinem Leben bei einer Rückkehr so freudig begrüßt worden sei. Er genoss diesen Auftritt sichtlich und hatte keinerlei Schuldgefühle, dass er mir durch sein Verschwinden Kummer und Sorgen bereitet hatte.

Als sich unsere Gemüter etwas beruhigt hatten, fragte ich Lothar, wie es denn zu seinem Verschwinden gekommen war. Daraufhin musste ich mir eine Erzählung aus Dichtung und Wahrheit anhören, aus der ich das, was wirklich passiert war, mit Hilfe vieler Nachfragen und reichlich Phantasie zusammenreimen musste.

Nach dem Toilettengang sei er auf den Domplatz von Ravello gekommen und habe dort die Orientierung verloren. Er habe in der Ferne eine Frau gesehen, die mir ähnelte und die die Ausfallstraße immer weiter weg gegangen sei. Er folgte dieser Gestalt und stieg den steilen Abhang bis zur Küste hinab. Dort habe ein Boot gelegen, er sei hineingestiegen, habe sich erschöpft unter eine Holzbank gelegt, und ein Mann habe ihn über den Fluss gerudert. Meinen Einwand, dass er am Mittelmeer und nicht an einem Fluss angekommen sei, ließ er nicht gelten. Vielleicht hatte er, als humanistisch gebildeter Mann, bei seinen Phantasieerzählungen das Bild aus der griechischen Mythologie mit dem Fluss Styx und dem Fährmann Charon vor Augen.

Da er etwas Geld in seinem Portemonnaie hatte, konnte er mit der Vesuviana, einer Regionalbahn, nach Sorrent fahren, wo er, nach dem Hotel suchend, umherirrte. Die informierte Polizei griff ihn dort auf und brachte ihn, wie oben schon erwähnt, wohlbehalten in unser Hotel zurück.

So weit, so gut, das waren seine Erklärungen. Ich denke, dass Lothar nach der langen Besichtigung des Gartens in Ravello in großer Hitze dehydriert und nach dem starken Weingenuss verwirrt war, was den Verlust des Realitätssinnes mit Orientierungslosigkeit zur Folge hatte. Wie viel Glück er bei seinem steilen Abstieg hatte, wurde mir klar, als ich von dem tödlichen Absturz einer Stadtführerin aus Köln an derselben Stelle wenige Tage später hörte.

Für Lothar war dieses Erlebnis bald vergessen, und er reduzierte es auf den ungeahnt freudigen Applaus der Menschen bei seiner späten Rückkehr, der ihn glücklich gemacht hatte. Fortan lebte er mehr und mehr in seiner eigenen Welt, in der die Realität keine große Rolle mehr spielte.

Das Spiegelauto

Zu meinem 75. Geburtstag am 19. Dezember 2014 wollte ich mir selbst einen Wunsch erfüllen.

Also fuhr ich im Frühjahr mit meiner Tochter zu der Firma Fleischhauer, ließ mich dort eingehend beraten und entschied mich für den neuen Golf 7. Ich wollte nach 13 Jahren noch einmal (vielleicht ein letztes Mal) ein neues Auto haben! Alles wurde abgesprochen, und so nahm ich 6 Monate später mein Auto als Vorführwagen mit ca. 5000 gefahrenen Kilometern entgegen.

Ich war sehr glücklich, denn es war ein wunderschönes Auto mit allen möglichen Zusatzraffinessen in der Farbe Champagner-Metallic.

Zu Hause angekommen, merkte ich, dass der neue Golf erheblich breiter und auch länger war als der vorige. Ich hatte jedes Mal Mühe, ihn unbeschadet in meine Garage zu fahren, ohne einen der beiden vorderen Spiegel zu zerstören. Darüber hatte ich mir beim Aussuchen des Autos keine Gedanken gemacht und war von dem Verkäufer leider auch nicht darauf hingewiesen worden.

Von Tag zu Tag entwickelte ich nun eine gewisse Aversion gegen das neue Auto und erwog, den Golf wieder abzugeben und ihn gegen einen kleineren Polo einzutauschen. Zu diesem Umtausch konnte es jedoch gar nicht kommen, weil ich bald von einem einschneidenden Ereignis überrollt wurde.

Es war Winterzeit und daher um 18 Uhr stockfinster auf dem Weg vom Bridgeturnier nach Hause. Da passierte das Unfassbare: Auf dem Weg zwischen Glessen und Dansweiler schoss plötzlich wie ein Phantom ein fremdes Auto so eng an meinem vorbei, dass es mir den linken Spiegel total wegrasierte. Ich war im Augenblick geschockt, merkte aber gleich, dass ich unglaubliches Glück gehabt hatte. Mein Auto blieb nämlich auf der Spur und wurde nicht seitlich ins Feld geschleudert.

Ich hielt an der nächsten Möglichkeit in Dansweiler an und besah mir den Schaden: Der Spiegel hing völlig zerstört an der linken Seite herunter und war nicht mehr zu gebrauchen. Sonst war kein Schaden sichtbar. Ich blieb noch eine Weile stehen und schaute nach dem Verursacher des Unfalls aus, aber der kam nicht zurück. Betrübt setzte ich meine Fahrt nach Hause fort.

In den nächsten Tagen ließ ich den Spiegel bei der Firma Fleischhauer über meine Teilkaskoversicherung erneuern, und mein Auto war wieder heil.

Im Januar 2015 hatte mich eine ziemliche Erkältung erwischt, und ich machte mich eines Morgens auf, um zum Hals-Nasen-Ohren-Arzt zu fahren. Mir ging es nicht gut, ich hatte sicher Fieber und hätte gar nicht ins Auto steigen sollen. In dieser misslichen Situation kam ich hinter Brauweiler von der Straße ab, landete mit dem vorderen Reifen neben dem Asphalt und streifte mit dem rechten Spiegel einen weißen Straßenbegrenzungspfahl. Es krachte, und der Spiegel war völlig zerstört.

Dieses Mal hatte aber auch die Karosserie um den Spiegel herum Schrammen und Beulen davongetragen. Es dauerte in der Werkstatt ziemlich lange – sogar ein kleiner Up-Leihwagen musste bemüht werden –, ehe ich mein repariertes Auto wieder abholen konnte. Dieses Mal kostete mich der Schaden über 300 €.

Aller guten Dinge sind drei: Einige Wochen später kam ich nach dem Einkauf auf den Aldi-Parkplatz zurück zu meinem Auto und – o Schreck! Ich bemerkte, dass das Gehäuse meines linken Spiegels fehlte! Jemand hatte es mir gestohlen!

Wieder musste ich das Autohaus bemühen, dessen Serviceberater so etwas noch nicht erlebt hatten. Es dauerte viele Tage, bis das Ersatzteil besorgt war und mein Auto wieder makellos dastand.

Da ich zu Hause Schwierigkeiten hatte, den neuen Golf in die Garage zu fahren, ohne einen Spiegel zu beschädigen, entschied ich mich für eine Notlösung: Ich klappe seitdem den linken Spiegel ein. So komme ich leichter in die Garage hinein und auch die lange Einfahrt rückwärts wieder heraus.

Nach sieben Monaten und den drei schlimmen Erlebnissen mit den Spiegeln habe ich mich nunmehr an mein neues Auto gewöhnt und will es nicht mehr gegen einen Polo eintauschen.

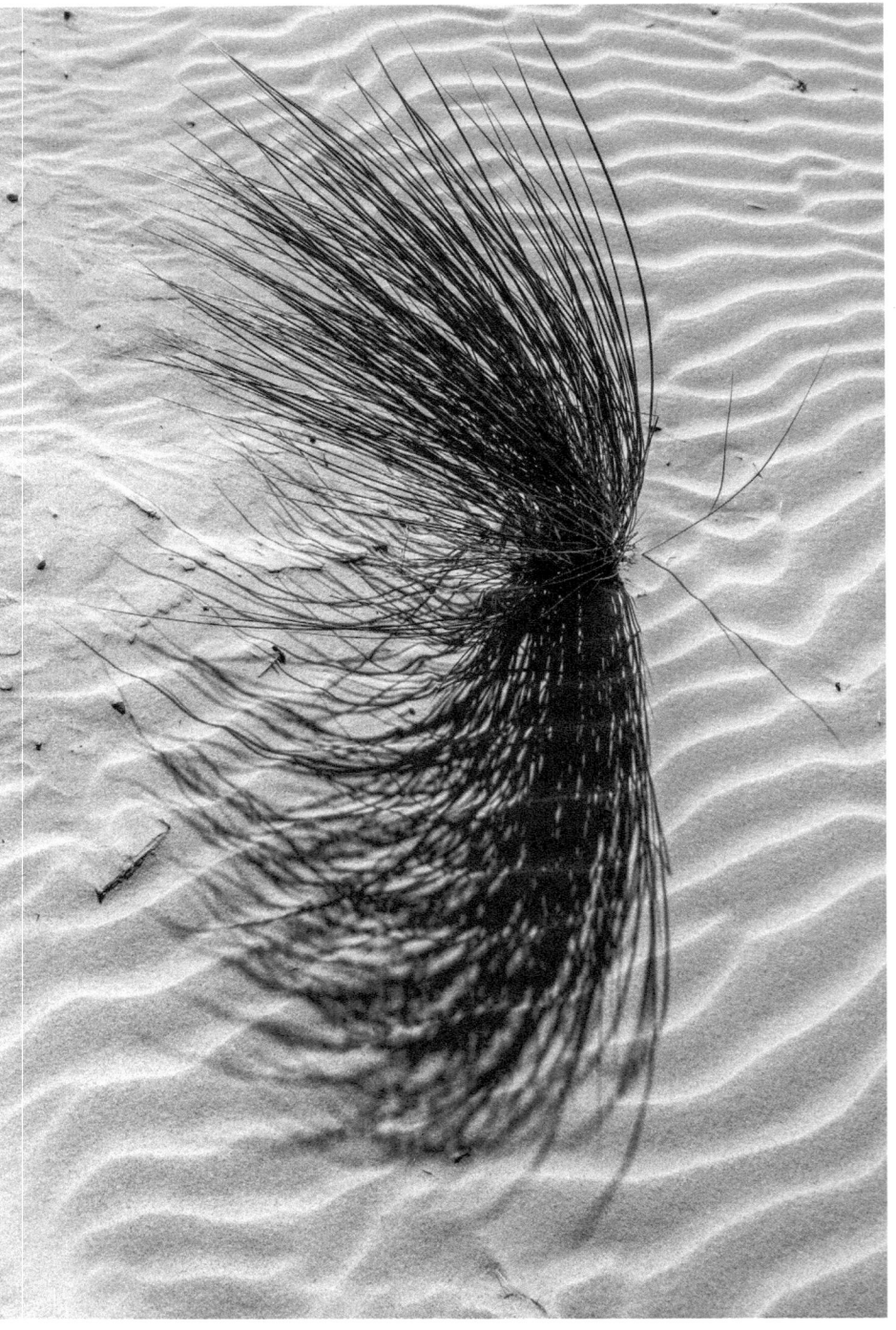

Der Sturm

Im Herbst des Jahres 2002 fegte ein Orkan über Deutschland, der auf seinem Weg eine Schneise der Verwüstung hinterließ. Am Sonntag, dem 27. Oktober, wurden deshalb die Menschen von den Medien eindringlich davor gewarnt, das Haus zu verlassen und sich ohne dringende Notwendigkeit auf die Straße zu begeben oder das Auto zu benutzen.

Dennoch fuhr ich an diesem Tage mit dem Auto zu einem wichtigen Familientreffen ins entfernte Wassenberg, weil es keine andere Möglichkeit gab, dorthin zu kommen. Ich plante, vor Einbruch der Dunkelheit wieder zu Hause zu sein. Mein Heimweg gestaltete sich sehr gefährlich durch Orkanböen, die das Auto von der Straße zu fegen drohten, und durch herabfallende dünne und dicke Äste, denen ich, so gut es ging, ausweichen musste.

In Königsdorf angekommen, hörte ich schon die Sirenen der Feuerwehren und sah umgestürzte Bäume und hektisch umhereilende Menschen. Ich hatte große Angst vor dieser Naturgewalt und fürchtete, dass auch mein Haus und Garten durch den Sturm Schaden genommen haben könnten. So schnell wie möglich und mit mulmigem Gefühl bog ich also in unsere ruhige Wohnstraße ein.

Doch was sah ich da? Ich traute meinen Augen nicht. Meine bekümmerte Stimmung wich einer plötzlichen Heiterkeit: Am unteren Ende der Straße kam mir ein grünes Toilettenhäuschen entgegen!

Mit dem starken Druck des Westwindes rutschte es mitten auf der engen Straße mit geöffneter Tür den leichten Hang hinunter. Hinter ihm entrollte sich das dazu gehörende Toilettenpapier, das bereits eine lange weiße Spur hinterlassen hatte.

Ich brachte mein Auto, ein Stück rückwärtsfahrend, in Sicherheit, stieg aus und lief die Straße hinauf. Der lange Papierstreifen hatte sich währenddessen durch einen wirbelnden Windstoß schon um eine Nachbarhecke gehäkelt. Das Toilettenhäuschen hielt sich tapfer aufrecht, schlingerte aber gefährlich hin und her. Es war sicherlich 150 Meter von seinem ursprünglichen Standort an der Baustelle eines Hauses in der etwas höher gelegenen Straße nach unten „gewandert".

Ich überlegte kurz, was zu tun sei, um den „Ausreißer" einzufangen. Gott sei Dank fand ich schnell zwei Nachbarehepaare, die mit mir das doch relativ schwere und unhandliche Toilettenhäuschen die Straße hinaufschoben und über den Bordstein kippten, ehe wir es in einer sturmsicheren Garagenecke der Baustelle parkten. Beim Schieben, Kippen und Wuchten des Häuschens hatten alle Beteiligten immer die Angst im Nacken, sein unangenehmer Inhalt könnte sich auf Straße und Helfer ergießen.

Alles ging aber gut aus, und auch mein Haus und Garten hatten den Sturm ohne Schaden überstanden. Noch heute lachen wir in der Nachbarschaft über das Erlebnis, wie sich an einem Sturm-Tag ein „Stilles Örtchen" in ein „Öffentliches WC" verwandelt hatte.

Dem Himmel so nah

„Könntest du in unserer Abwesenheit meine Mutter mal besuchen?"
Das fragte mich meine Schwägerin kurz vor ihrer Abreise mit meinem
Bruder in den Urlaub. Selbstverständlich bejahte ich dies.

Ich hatte die Mutter in den vergangenen Jahren mehrmals im Altersheim besucht, wo sie wegen ihrer fortschreitenden Demnz gepflegt wurde. Während sie anfangs noch in einer Gruppe alter Menschen in einem
Aufenthaltsraum saß, lag sie später den ganzen Tag in Bett und schlief
die meiste Zeit. Sie erkannte niemanden mehr und lebte entrückt in ihrer
eigenen Welt.

Eines Tages machte ich mich also auf den Weg nach Pulheim, wo die
hochbetagte „Tante Hilde", wie ich sie nannte, in einem Altersheim lebte.

Ich kam unangemeldet und wurde von einer Pflegerin sehr freundlich
zum Zimmer der alten Dame gebracht, in dem ich die nächste Stunde
allein mit ihr verbrachte.

In der Nähe der Tür lag Tante Hilde in einem pflegegerechten Bett.
Als ich näher trat, roch ich angenehme Düfte und sah saubere weiße
Bettwäsche, in der Tante Hilde schlafend lag. Sie bemerkte mich nicht
und schlief ruhig weiter. Also hatte ich Zeit, mich in dem Zimmer um-
zuschauen. Ich nahm das frisch gewaschene Nachthemd und ihre ge-
kämmten Haare wahr. Sie lag in einem relativ großen Einzelzimmer,
umgeben von ihren vertrauten Möbeln.

Ich schob einen Stuhl zu ihr ans Bett. Tante Hilde bemerkte meine
Anwesenheit nicht und schlief ruhig weiter. So nahm ich ihre Hand
und streichelte sie. Dabei erzählte ich ihr mit leiser Stimme Ereignisse
aus meiner Familie. Auf einmal fiel mein Auge auf eine Cremetube. Ich
drückte ein wenig Creme auf meine Hand und massierte behutsam und
ausdauernd ihre beiden Hände, später auch ihre Wangen.

Tante Hilde schlief ruhig und bewegungslos. Es war nun schon eine
ganze Zeit vergangen, und ich dachte betrübt, diesen Besuch nun abzu-
brechen, weil ich der tief Schlafenden keine Reaktion entlocken konnte.
Auf einmal jedoch geschah ein Wunder: Tante Hilde hob ihre Hand und
streichelte meine Wange.

Ich war zu Tränen gerührt, hatte ich doch gerade erfahren, dass ein
Mensch, der schon dem Himmel ganz nahe war, seine Dankbarkeit hier
auf Erden noch zu zeigen vermochte. Aufgewühlt und glücklich fuhr ich
nach Hause.

Tante Hilde starb wenige Wochen später im Alter von 97 Jahren.

Antonius hat geholfen

Der heilige Antonius ist einer meiner Lieblingsheiligen. Ich rufe ihn immer an, wenn ich etwas verloren habe, und bitte ihn, mir beim Suchen zu helfen. Er hat mir meistens geholfen!

Die folgenden wundersamen und von mir erlebten Geschichten passen zu diesem Thema.

Der Schlüssel

Ich habe an meiner Haustür neben einem Sicherheitsschloss eine Messingkette, deren loses Ende ich am Abend von unten in einen Verschluss einfach hineinschiebe und der durch ein Klacken anzeigt, dass die Vorhängekette abgeschlossen ist. Morgens brauche ich allerdings einen Schlüssel, um die Kette wieder zu entriegeln. Erst dann lässt sich meine Haustür öffnen, und ich kann nach draußen gelangen.

Eines Morgens griff ich – wie gewohnt – in meine Schlüsselschale, um den kleinen Schlüssel, an dem ich, zur Messingkette passend, einen goldfarbenen Anhänger angebracht habe, an mich zu nehmen.

Der Schlüssel lag nicht dort.

Ich schaute ein zweites und ein drittes Mal nach, hob verschiedene Gegenstände auf dem Bord hoch und suchte auf dem Boden, während ich inbrünstig mit dem heiligen Antonius sprach.

Der Schlüssel war nicht vorhanden.

Mich überfiel eine leichte Panik, konnte ich doch meine Eingangstür nicht mehr öffnen! Ich konnte natürlich durch die Terrassentür nach draußen gelangen, was mir aber wenig nutzte, da ich beim Weggehen Terrassentür und Rollladen von innen schließen musste. Und in einer Stunde hatte ich einen wichtigen Termin außer Haus. Da war guter Rat teuer.

In meiner Not erinnerte ich mich an eine alte Zigarrenkiste, in der wir die Schlüssel, die sich in Jahrzehnten im Haus angesammelt hatten, verwahrten. Schnell probierte ich einige Exemplare aus – und siehe – einer passte!

Die Situation war zunächst gerettet, und ich konnte mit dem Ersatzschlüssel das Haus wie gewohnt verlassen.

Allerdings musste ich in den nächsten Tagen ständig an den Verbleib des Original - Schlüssels denken. Immer wieder ertappte ich mich dabei, wie ich mit dem „Schlüssel-Such-Blick" durch das Haus ging und mögliche Fundorte inspizierte. Alle Jacken, verschiedene Taschen, Schubladen, Borde, auch den Morgenmantel durchsuchte ich vergeblich.

Meine erweiterte Familie, der ich von meinem Verlust erzählt hatte, nahm in meinem Haus ebenfalls die Suche auf. Ich sah meine Enkelkinder über den Boden kriechen, unter Schränke gucken, und meinen Schwiegersohn, wie er auf einem hohen Schrank herumtastete, auf dem ich nie einen Schlüssel abgelegt haben könnte.

Nach ein paar Tagen vergaß ich den verlorenen Schlüssel.

Eines Abends kehrte ich von einer Einladung spätabends nach Hause zurück. Ich öffnete mein neues automatisches Gartentor mit dem Sensor und fuhr langsam mit dem Auto in die Einfahrt hinein. Da blinkte doch etwas in der rankenden Clematis! Das wird doch wohl nicht ...?

Schnell stellte ich das Auto in der Garage ab und lief zu der besagten Pflanze. Tatsächlich – dort hing der verlorene Schlüssel mit seinem goldfarbenen Anhänger in den Ranken!

Welche Erleichterung! Er war mir wohl, während ich beim morgendlichen Gang zum Briefkasten mit dem Schlüssel in der Hand einige in den Gehweg wuchernde Ranken der Clematis zurücksteckte, unbemerkt aus der Hand geglitten und war dort hängen geblieben.

Der Ring

Ich sandte auch dieses Mal ein Stoßgebet zum heiligen Antonius, nachdem mich meine Freundin Elvira angerufen hatte. Sie jammerte nämlich ins Telefon, dass sie heute ihren goldenen Ring bei der Gartenarbeit verloren habe, den ihr erst gestern ihr Mann Christoph zu einem speziellen Gedenktag geschenkt hatte. Ich antwortete ganz spontan und für mich selbst überraschend: „Warte, ich komme gleich und finde ihn dir!"

In der Haustür empfing mich Elvira mit schmutzigen Gartenhänden, deren Spuren ich in ihrem verweinten Gesicht sehen konnte. „Zeig mir genau, wo du gearbeitet hast!", bat ich sie. Sie führte mich in den Garten und wies auf die Stellen hin: „Gleich hier vorne und später um den Teich herum", erwiderte sie ohne Hoffnung in ihrer Stimme. Ganz spontan antwortete ich: „Dann fange ich hier vorne an, hinten ist es mir zu aufwendig!" Bevor Elvira im Haus verschwand, rief sie mir noch zu „Deine Sucherei wird sicher eine Weile dauern. Ich bereite inzwischen ein Teestündchen für uns zu!"

Allein gelassen kniete ich mich auf den Rasen und grub meine Hände in das Erdreich an der Terrasse. Kaum hatte ich angefangen, stieß ich auf einen harten Gegenstand. Ich nahm ihn auf, befreite ihn von der Erde und siehe da, ich hatte einen Ring in der Hand. Ungläubig lief ich ins Haus und rief: „Ist es dieser Ring, den du vermisst?" Elvira freute sich unbändig über den wiedergefundenen Schatz, und unser Teestündchen konnte schon beginnen. Noch heute erzählen wir manchmal von diesem wundersamen Geschehen.

Die Kette

Seit etwa zwei Jahren vermisste ich drei Dinge: nennen möchte ich zunächst eine silberfarbene, sehr dekorative Kette, die mir meine Tochter zum letzten Geburtstag geschenkt hatte und die ich immer gern zu schwarzen Blusen oder Kleidern getragen hatte. Sie war ein echter Hingucker.

Ein kleines schwarzes Portemonnaie gehörte auch zu den schmerzlich gesuchten Dingen. Es hatte ein Fach für ein wenig Kleingeld und eins, in das man Scheine, längs gefaltet, legen konnte. Es passte in kleine Handtaschen oder in den Anorak und war ein wichtiges Utensil für den täglichen Gebrauch.

Auch ein Schweizer Offiziersmesser mit ungewöhnlichen Funktionen war seit diesem Zeitpunkt abgängig. Ich tröstete mich damit, es sicher einem meiner Kinder geschenkt zu haben.

Das Suchen ging also fast über zwei Jahre. Da ich vor allem die Kette vermisste und sie zu verschiedenen Gelegenheiten gern angezogen hätte, schenkte mir meine Tochter schließlich eine zweite gleiche, die sie nach langem Surfen im Internet gefunden hatte.

Im Herbst dieses Jahres wollte ich mit meinem Gefährten nach Juist fahren. Ich wählte meinen mittleren Koffer für die Reise aus, legte ihn ausgeklappt auf das Bett und begann, die inneren Reißverschlüsse zu öffnen. Welches Erstaunen erfasste mich! Da lagen alle lang vermissten Gegenstände zusammen in einer Tasche: die dekorative Kette, das kleine Portemonnaie und das rote Taschenmesser. Ich hatte, nach der Heimkehr von Fuerteventura, den Koffer mit all seinen Fächern wohl nicht richtig ausgepackt.

Ich freute mich unbändig über den überraschenden Fund und verschenkte die Kette, die ich nun doppelt hatte, an eine Bekannte, der sie besonders gut gefallen hatte.

Ein Brief

Mein geliebter Peter,

am 14. Juni dieses Jahres wärest du 75 Jahre alt geworden, ein beachtenswerter Geburtstag, den wir sicherlich mit unserer Familie und einigen Freunden gefeiert hätten.

Da du aber seit neun Jahren nicht mehr bei uns bist, lud ich unsere Kinder, Schwiegerkinder und Enkelkinder, wie in den Jahren zuvor, in das von dir geliebte „Oasis" am rechten Rheinufer ein, in dem dir das Gyros früher immer besonders gut schmeckte.

Alle vierzehn Angehörige waren zu deinem Gedenken gekommen. Wir saßen an einem langen Tisch in sommerlicher Wärme unter einem großen Sonnenschirm auf der Terrasse zusammen und aßen und tranken in harmonischer Gemeinschaft auf dein Wohl. Wir sprachen viel von dir.

Ich hatte zu diesem Anlass dein von uns allen geliebtes Porträt aufarbeiten und aufwendig rahmen lassen. Dein Sohn, der dir so ähnlich sieht, hielt es hoch vor sein eigenes Gesicht, damit alle in der großen Runde es sehen konnten. So warst du mitten in deiner Familie, wo dein Platz immer noch ist. Zu Hause im Wohnzimmer habe ich dein Bild zwischen die Familienbilder in meiner Augenhöhe aufgehängt. Oft halte ich dort Zwiesprache mit dir.

Ich bin doch recht viel allein, aber das habe ich mit der Zeit auszuhalten gelernt. Mit den Kindern und Enkelkindern bin ich häufig zusammen, und ich habe mir mit neuen Freunden und Hobbys ein anderes Leben aufgebaut.

Seit fünf Jahren habe ich einen Gefährten, mit dem ich gern meine Wochenenden und manche Ferienzeit verbringe. Trotzdem fehlst du mir immer noch sehr als mein Ehemann, mit dem ich täglich zusammenleben, alle Probleme besprechen und die anfallende Arbeit teilen kann.

Mein lieber Peter, viel ist in den neun Jahren, seit du uns verlassen musstest, geschehen: Das Leben ist einfach weitergegangen!

Unsere drei Kinder sind verheiratet, und alle sind beruflich arriviert. Zu unseren sechs Enkelinnen, die du kennengelernt hast, ist noch eine siebte hinzugekommen. Im September wird sie sechs Jahre alt werden und nach den Sommerferien in die Schule kommen.

Du hättest große Freude an deinen Enkelinnen, das sagen wir oft, denn alle sieben sind gesund, fröhlich und herzlich, intelligent und hübsch. Sie sind unterschiedlich geartet, selbstbewusst, wissbegierig und strebsam, aber auch sozial eingestellt und nachdenklich. Du hättest sie auf deine Art, wie auch damals deine Kinder, liebevoll, wohlwollend, anteilnehmend und fördernd begleitet. So fehlst du auch dort, und ich versuche allein, den guten Draht zu ihnen immer neu zu pflegen.

Seit letzten Dezember bin ich siebzig Jahre alt. Meine Kinder und ich haben mit vielen Freunden und Weggefährten ein wunderschönes Geburtstagsfest in der Abtei Brauweiler gefeiert.

Manchmal spüre ich mein Alter, wenn manches nicht mehr so schnell erledigt werden kann und Haus und Garten meinen vollen Einsatz fordern. Ich bin aber eifrig bemüht, unser vor 45 Jahren erworbenes Eigenheim durch ständige Reparatur- und Verschönerungsmaßnahmen auf einem modernen Stand zu erhalten. Mit meinen Helfern schaffe ich alles gut, und ich möchte noch lange in unserem Haus wohnen bleiben, das mir zu einem Hort der Geborgenheit geworden ist und wo du mir immer sehr nahe bist.

Von unseren Freunden ist inzwischen auch eine ganze Reihe verstorben; ich nenne nur Hilde, Monika und Norbert. Ihre Gräber und die einiger Nachbarn liegen in der Nähe deiner Ruhestätte. Die Plakette zum Gedenken an meine Eltern haben wir nach Auflösung von deren Grab auf deinem deponiert.

Dieses Mal werden wir wieder dein Jahrgedächtnis – jetzt ist es das neunte – wie in den Jahren zuvor begehen: Nach der Messe in der Abtei werden wir uns an deinem Grab treffen und anschließend in meinem Garten „feiern". Außer der Familie kommen einige Freunde und Weggefährten, die sich immer noch über diese jährlichen Zusammenkünfte freuen.

Mein lieber Peter, wie so oft habe ich mich schon gefragt, warum du so früh gehen musstest. War es einzig der unerforschliche Ratschluss Gottes oder waren es deine Gene, die dir diese heimtückische Krankheit auferlegten? Wie dem auch sei, ich finde keine Antwort darauf. Die Ärzte und wir alle haben dir damals nicht helfen können. Heute blicke ich ohne Groll zurück und habe unser Schicksal angenommen.

Ich glaube, dass du zufrieden damit bist, wie ich die Herausforderungen des Lebens meistere. Ich wäre gern mit dir alt geworden, kann aber heute sagen, dass ich auch ohne dich zu einem positiv ausgerichteten Leben gefunden habe.

In nie endender Liebe grüße ich dich, wo auch immer du sein magst.

Deine Bärbel

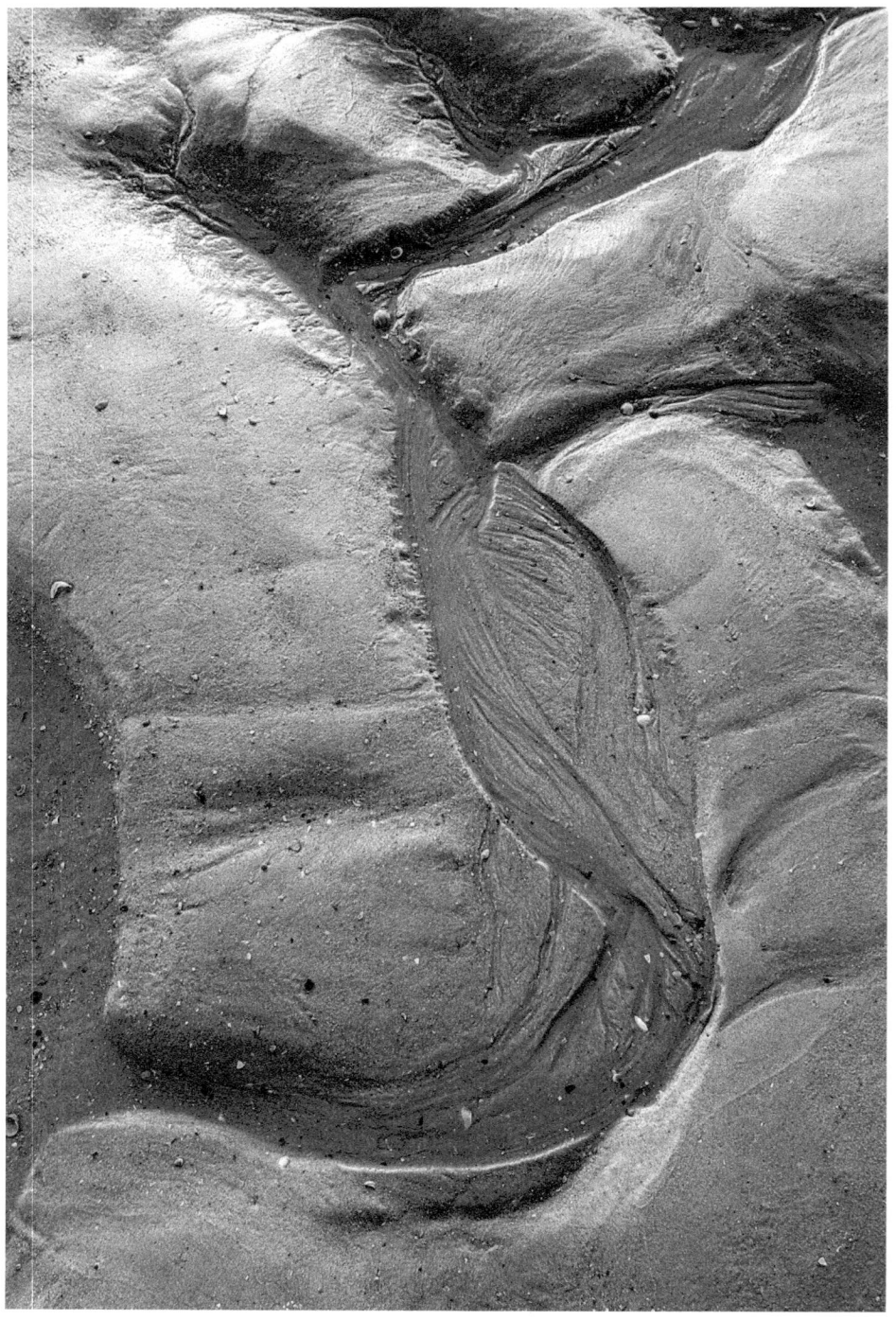

Teil 4 – Die späten Jahre

Versunken im Bodensee

Ein Mann verliert den Boden unter den Füßen und versinkt langsam im Moor. Als Letztes bleibt nur sein dunkler Schopf sichtbar. Doch auch über diesem schließt sich alsbald die feuchte, moorige Erde, und nur ein leises Blubbern und mehrere Ringe im Wasser verraten, dass hier gerade ein Mensch im Moor versunken ist.

Diese Szene eines vor vielen Jahren gesehenen Films kam mir wieder in den Sinn, als ich im Bodensee versank.

Meine Freundin Margaretha und ich waren auf der Insel Reichenau mit dem Fotoapparat unterwegs. Ein schmaler Seitenpfad vom Uferweg, der einen Ausblick durch die Binsen hindurch auf das Wasser bot, zog mich an, hier ein Fotomotiv zu suchen.

Ich ging ahnungslos voraus, an einem vermeintlichen Sandstück entlang, als mein rechtes Bein unvermittelt einsackte. Ehe ich realisieren konnte, was gerade mit mir geschah, verlor auch mein linkes Bein den festen Grund und sank immer tiefer. Leichte Panik überfiel mich, als ich merkte, dass ich keine Gewalt mehr über meine Beine hatte und diese Stück für Stück in die Tiefe gezogen wurden. Ich konnte mich nicht gegen den lehmigen, klebrigen Schlamm wehren. Schließlich steckte ich bis zur Mitte beider Oberschenkel fest.

Es befiel mich ein Gefühl der Hilflosigkeit, da ich mich nicht mehr bewegen oder selbst befreien konnte. Mit schwarzen Turnschuhen, Socken und einer dunklen Hose war ich im Bodensee gefangen.

Meine Freundin, die schließlich an der Unglücksstelle ankam, schrie: „Was machst du denn da?" Schnell brachte ich meinen Fotoapparat auf dem festen Gehweg in Sicherheit, ehe sie versuchte, mich an meinem linken Arm aus dem Morast zu ziehen. Sie zog mit ihrer ganzen Kraft, aber ich bewegte mich keinen Zentimeter nach oben.

Mich wundert es heute, dass ich so gelassen blieb, als sie hilferufend zu der hinter uns gelegenen Häuserzeile lief. Da kam auch schon ein junger Mann angerannt, der offensichtlich bei seiner Arbeit des Fischausnehmens gestört worden war. Angetan mit einer großen weißen Schürze und weißen Handschuhen, ging er beherzt ans Werk, um mich zu retten.

Inzwischen hatte ich wegen meiner aussichtslosen Situation zu weinen begonnen, und auch darüber, dass ich meinen linken Schuh unten im Morast verloren hatte. Die klebrige Masse hatte ihn mir bei den Befreiungsversuchen regelrecht ausgezogen.

Mein Retter kam schnell und geübt zur Sache. Es gelang ihm, mich von hinten unter beiden Achseln zu fassen und mich mit einem kraftvollen Schwung aus meinem Gefängnis zu ziehen. Er stellte mich, wie ein kleines Kind, behutsam auf dem steinernen Gehweg auf meine beiden Füße.

Ich kam mir ganz seltsam vor, und das Gefühl der Erleichterung wollte sich nicht gleich einstellen, denn ich stand völlig verschlammt mit nur einem Schuh da! „Da unten liegt mein zweiter Schuh!", schluchzte ich mitleidheischend.

Der hilfsbereite junge Mann scheute sich nicht, mit seinen vormals weißen Handschuhen ein zweites Mal in den Morast zu tauchen, und er fand dort tatsächlich meinen verlorenen Schuh.

Ich selbst war völlig handlungsunfähig, aber mein tatkräftiger Retter war mit seiner Arbeit noch nicht zu Ende. Er nahm meine Schuhe mit zum Steg und säuberte sie mit einem eilig geholten Lappen im Wasser des Bodensees. Auch die Beine meiner Schlammhose wurden von ihm notdürftig gereinigt, so dass ich fast wieder ein menschliches Wesen war.

Ich dankte meinem Retter aus vollem Herzen und hätte ihm am liebsten etwas geschenkt. Er aber lehnte ab: „Ich möchte außer Dank nichts von Ihnen haben! Wenn mir eines Tages ein ähnliches Missgeschick passiert, werde ich froh sein, wenn man auch mir hilft."

Damit bog er um die Ecke, um wieder seiner Arbeit nachzugehen.

Meine Freundin und ich wollten hier auch nicht länger verweilen, sondern in unser Hotel zurückkehren. Im Weggehen schaute ich an dem Haus hoch, das der Unglücksstelle gegenüberlag. Eine ältere Frau schaute aus dem Fenster des ersten Stocks und bemerkte lakonisch: „So etwas ist hier schon öfter passiert!"

Ein Tag in der Eifel

Mein Gefährte Hartmut und ich waren, wie schon im vorigen Jahr, Ende Februar in unser Eifeldomizil gereist, um dem Karnevalstreiben der „Tollen Tage" in Köln und Umgebung zu entkommen.

Ob sie dieses Mal wohl wiederkommt?, das fragten wir uns und trauten unseren Augen nicht, als wir am nächsten Morgen erwachten. Sie war wieder da, die kleine Blaumeise vom Vorjahr! Von meinem Zimmer aus konnte ich beobachten, wie sie gezielt zu einem Spalt in der Hausverkleidung gleich neben dem Fensterrahmen flog. Sie verschwand darin und kehrte bald zurück, um auf dem nahen Baum zu rasten, wo sie von ihrem Partner erwartet wurde. Ich nehme an, dass sie den idealen Standpunkt ihres Nestes prüften, denn alsbald flog wieder eines der kleinen Meisen in die Ritze. Sobald ich mich dem Fenster näherte, kehrte der Vogel um und auf seinen Beobachtungsposten zurück. So ging das viele Male an diesem sonnigen, trockenen Vorfrühlingsmorgen. Ich sah nie ein Hälmchen oder Ähnliches, was auf den Nestbau schließen ließ.

Als es am nächsten Morgen regnete, stellte das Meisenpärchen seine Inspizienzflüge ein und kehrte erst bei trockenem Wetter wieder zurück.

Wie interessant und niedlich wird es sein, wenn wir im Frühling wieder in die Eifel fahren und das Pärchen, so wie im letzten Jahr, beim Füttern seiner Jungen beobachten können, deren Nest sich in der schmalen Spalte der Hausverkleidung unmittelbar neben meinem Schlafzimmerfenster befindet.

Mittags setzten wir uns auf die nach Südwest gelegene Terrasse. Es war mittlerweile warm geworden, und die Sonne schien vom wolkenlosen Himmel. Der Sonnenschirm bot uns Schatten bei unserem Mittagsimbiss. Wir hatten, wegen der längeren Abwesenheit von zu Hause drei Pflanzgefäße mit Frühlingsblumen mitgebracht, an denen wir uns hier erfreuen wollten: einen Topf mit den üppigen Tête-à-Tête-Narzissen, eine gelbe Schale mit einer gelben Primel, einem rosa Maßliebchen und einigen Traubenhyazinthen sowie ein Keramikgefäß mit vielen Zwiebeln, dicht an dicht, aus denen schon die ersten blauen Köpfchen hervorlugten. All diese farbigen Blumentöpfe stellten wir zu einem Arrangement auf dem geräumigen Holztisch zusammen, so dass noch genügend Platz für die Essenszutaten blieb. Dann setzten wir uns auf die bequemen Terrassenstühle und genossen den herrlichen Weitblick auf das Tal und die sich anschließenden Höhen.

War das ein Blühen inmitten der uns umgebenden kargen Winternatur im Februar! Die Augen lechzten nach der langen Winterpause nach leuchtenden Farben in dieser Vielfalt. Auch die Blumen wurden von der Sonne liebkost, sie reckten sich in die Höhe und öffneten ihre Kelche.

Bald bekamen wir Besuch. Eine Hummel flog an und setzte sich auf eine Narzissenblüte. Nach einer kurzen Orientierung drehte sie ihren plumpen, pelzigen Körper in Richtung des breiten Kelches und krabbelte hinein, bis nur noch ein kleines Stück ihres Hinterteils zu sehen war. Sie verweilte lange in dem Trichter, wohl um dort den süßen Nektar zu schlürfen, ehe sie kurz davonflog und bald wieder in dieselbe Blüte tauchte. Mehrmals flog sie hin und her, und immer wieder wählte sie unter den circa zwanzig Blüten die eine aus.

Die Hummel blieb nicht lange unser einziger Gast. Als ob es einen Rundruf im Insektenreich gegeben hätte, schwirrten nach und nach viele Hummeln zu unserem Blumenarrangement, große und kleine, dicke und dünne. Ein besonders dickpelziges Exemplar versuchte vergeblich, mit seinem stattlichen Leib in den Trichter zu gelangen. Die Nektarquelle blieb ihm verschlossen, und so flog es unverrichteter Dinge wieder davon. Aber die meisten Hummeln kamen auf ihre Kosten und erfreuten uns stundenlang mit ihrem zufriedenen Gebrumm.

Es tummelten sich auch Bienen jeglicher Größe auf unserem kleinen Blumenbeet. Sie sammelten den Nektar vornehmlich in den blauen Hyazinthenblüten und trugen ihn in ihrem kleinen Gefäß unter ihrem Bauch davon. Viel Freude machte mir eine winzige Biene, die mehr spielerisch von Blüte zu Blüte flog.

Während wir aßen, überquerte ein großer, sattgelber Zitronenfalter unseren Tisch, später gefolgt von einem Tagpfauenauge. Auch die Schmetterlinge waren also schon erwacht.

Wir freuten uns über die Vielfalt der Insekten an diesem Sonnentag Ende Februar, und wir hofften, in diesem Urlaub in der Eifel noch einige solcher Tage erleben zu dürfen.

Am frühen Nachmittag brachen wir zu einer Wanderung auf, um diesen herrlichen Tag bis zum Ende auszukosten. Wir fuhren mit dem Auto nach Dreiss-Brück und stellten es hinter dem Fabrikgebäude des Nürburger Sprudels ab.

Der Quellenweg links führte uns mitten hinein ins Trockenmaar. Wir stapften, vorbei an Quellenhäuschen, über buckelige Wiesen aus verfilztem Gras. Alles war natürlich und ursprünglich. Die wenigen Gehölze waren moosumwachsen und vermodert. Wenn wir sie anfassten, brachen sie ab und fügten sich zu bizarren Gebilden zusammen, die zum

Fotografieren reizten.

Wo war hier das Maar geblieben? Es war verlandet und wir sahen kein Wasser mehr. Dass wir uns aber in einem ursprünglichen Maar befanden, konnten wir eindringlich an dem durchgehend erhaltenen Kraterrand sehen, der die ehemalige Wasserfläche kreisrund umgab und gegen die dahinterliegende Umgebung abschottete.

Wir stapften mühsam weiter, fast stolpernd; manchmal überquerten wir Rinnsale oder auch schmale Entwässerungsgräben, die wir übersprangen. Ein Binsenfeld verhieß feuchten Grund. Wir ließen es links liegen und bahnten weiter unseren eigenen Weg.

Da bemerkten wir zwei längliche, bewirtschaftete Flächen, die von Bauern dem Urboden abgerungen worden waren. Auf einem Feld leuchteten hellgrün die jungen Pflanzen des Winterweizens, Zivilisation in dieser Einöde.

Durch Vogelrufe aufmerksam geworden, schauten wir zum Himmel und erblickten voll Freude einen Vogelzug der Kraniche und Gänse. Etwas weiter suchte ein Reh Zuflucht in einem größeren Binsenfeld. Die vielen Hochstände in dem großen Trockenmaar zeugten von einem ergiebigen Tierbestand, auch Spuren von Sauen hatten wir schon entdeckt.

Ansonsten war es mäuschenstill in diesem verwunschenen Tal. An diesem Nachmittag sahen wir keinen Menschen, und auch die wenigen Vögel sangen ganz verhalten.

So kamen wir am Rande eines weiteren Binsenfeldes zu einer Stelle, auf der ein morscher Baum umgestürzt und im Fallen in einzelne Stücke zersplittert war. Das entstandene Gebilde sah wie ein Haus aus, das uns zum Rasten einlud. Die bizarren Holzteile waren mit Moosen überwachsen. Ich setzte mich auf einen breiten, bequemen Holzstamm und hielt mein Gesicht der warmen Vorfrühlingssonne entgegen. Währenddessen untersuchte ich mit den Fingern das dichte Moos, das mir eine bequeme Sitzfläche bot.

Ich fühlte mich wohl in dieser Wirrnis aus Holz, Moos, Binsen und Sonne, in der ich stundenlang hätte bleiben mögen. Auch Hartmut fand seinen Platz. Er legte sich auf den weichen, mit Blättern und Moosen belegten trockenen Boden, schloss die Augen und träumte in den stahlblauen Himmel. Es war wunderbar, in dieser Umgebung miteinander zu schweigen.

Nach einiger Zeit brachen wir auf und nahmen das anrührende Erlebnis im Trockenmaar, das den Tag in der Eifel abrundete, mit in unsere ruhige Ferienwohnung.

Die Achillessehne

Wenn ich früher morgens aufwachte und mich schmerzte das Bein oder der Rücken, ging ich ins Badezimmer, hielt mich mit beiden Händen am Waschbecken fest und schüttelte – rhythmisch zu der Morgenmusik im Radio – jedes Bein kräftig aus. Ich vollzog auch Dreh- und Dehnübungen des Rückens und des Kopfes, immer an derselben Stelle vor dem großen Badezimmerspiegel und mit dem Haltegriff am Waschbecken. Danach hatte ich das Gefühl, dass alle Knochen meines Körpers wieder an der richtigen Stelle saßen und mir nichts mehr wehtat.

So verging die Zeit ohne nennenswerte Beschwerden. Vor zwei Jahren jedoch schmerzte mein rechter Fuß ohne erkennbaren Grund hartnäckig und anhaltend. Es war die Ferse, die ich auf Schritt und Tritt unangenehm spürte. Mein behandelnder Arzt diagnostizierte eine chronische Entzündung der Achillessehne, was meine ständigen Schmerzen erklärte. Spritzen, Salben, Tabletten und Tapes brachten keine Linderung, bis schließlich im MRT sichtbar gemacht wurde, dass die Achillessehne angerissen und ausgefasert war.

Mein Gang veränderte sich, wurde ungleichmäßig, schwerfällig, und ich humpelte. Besonders das Treppensteigen, und hier das Hinuntergehen, verursachte mir große Beschwerden, so dass ich mir jeden Gang auf seine Notwendigkeit hin überlegte. Durch die Fehlbelastung der Füße schmerzte nun auch zunehmend der linke Lendenwirbelbereich.

Ich gewöhnte mich an den Schmerz als meinen ständigen Begleiter. Meine jüngere Tochter meinte mitleidsvoll: „Du bist doch immer so gern gewandert!" Das war vorbei, ich konnte nur mehr kleine Strecken und diese mühsam bewältigen.

Dann kam der Schicksalstag, der 12. August 2018!

Ich war eingeladen, mit der Familie das Bachelorexamen meiner ältesten Enkelin in einem Restaurant im Rheinauhafen zu feiern. Um für den Abend fit zu sein, legte ich mich zu einem Mittagsschlaf hin. Als ich erwachte, spürte ich einen starken Drang, ein gewisses Örtchen aufzusuchen. Eilig rannte ich los, so schnell ich konnte, barfuß durch Schlafzimmer und Diele in das Badezimmer. Ich bemerkte nicht die feuchte Stelle auf den Fliesen neben der Dusche. In meinem Schwung rutschte ich darauf aus und flog wie ein Geschoss ins Badezimmer! Ich hätte mich zu Tode stürzen können, hätte ich mich nicht instinktiv mit dem vertrauten Griff an dem Waschbecken festgehalten.

Der Sturz war zwar gebremst, aber seine Auswirkungen waren derart schlimm, dass unter anderem meine Achillessehne riss. Der Radiologe, der das MRT auswertete, sprach von einem Abriss der Sehne, deren Ende sich zu einem gut tastbaren Knoten eingerollt hatte. In der Praxis wirkte es sich so aus, dass ich keine Standfestigkeit mehr in meinem rechten Bein mit dem lädierten Fuß hatte und nur unsicher gehen konnte. In der Zeit danach fühlte ich mich körperlich und seelisch stark beeinträchtigt.

Üblicherweise würde eine solche Verletzung eine Operation mit dreimonatiger Reha-Phase erfordern. Da ich in meinem Leben aber immer meinen Selbstheilungskräften vertraut habe, wollte ich abwarten und lehnte eine Operation zunächst ab.

Die Heilungsphase meiner Unfallfolgen dauerte eine Zeitlang, währenddessen ich mich konsequent schonte. Mehr und mehr bemerkte ich aber zu meiner großen Freude, dass die chronischen Schmerzen allmählich aufhörten, so dass ich wieder Zutrauen in die Belastbarkeit meines Fußes entwickelte.

Tatsächlich scheint es mir, als hätte mein Körper neues Gewebe wachsen lassen. Ich kann mir das nur so erklären, dass einige Fasern der Achillessehne stehen geblieben waren, die nun als Gerüst für das körpereigene Gewebe dienten. Den üblichen lauten Knall beim Reißen der Sehne, nach dem ich immer gefragt wurde, hatte ich tatsächlich nie gehört.

Nach einem Jahr konnte ich fast wieder wie vorher gehen und mit Ruhepausen wandern.

Bridge in der Eifel

Ich liebe die Eifel und besonders die vielen Maare in der Umgebung des hübschen Städtchens Daun. Dorthin fahren Hartmut und ich mehrere Male im Jahr zu einem Kurzurlaub, um uns, fern vom Alltag zu Hause, zu entspannen und in der guten Luft Kraft tanken zu können. Wir mieten dort immer ein Ferienhaus, das der Vater meiner alten Schulfreundin Erika Anfang der sechziger Jahre hatte bauen lassen. Es ist sehr geräumig, hat eine Terrasse mit unvergleichlich schöner Aussicht auf die Berge der Südeifel und liegt unmittelbar am Waldrand.

In diesem Sommer buchten wir wieder das Haus für einige Tage. Da kam es uns gelegen, dass unsere Freundinnen Helle und Ingrid uns für zwei Tage dort besuchen wollten, um mit uns intensiv Bridge zu spielen. Ohne Frage konnten sie bei uns übernachten, da genügend Betten im Haus vorhanden waren.

Am Ankunftstag der beiden hatten wir ein Bilderbuchsommerwetter, so dass wir den großen Terrassentisch zum Bridgespielen herrichten konnten. Gegen die Sonne mussten wir sogar einen Schirm über dem Tisch aufstellen. Als wir vier dort Platz genommen hatten, blickten wir uns alle glücklich und zufrieden an, denn wir freuten uns auf einen langen Spielenachmittag in der Wärme eines Sommertages und unter einem stahlblauen Himmel.

Hartmut war der Erste, der nach einiger Zeit die dunkle Wolke entdeckte, die sich von Südwesten näherte und zusehends vergrößerte. Allmählich begann es leicht zu regnen. Wir spielten unbekümmert weiter, rückten allerdings unter dem schützenden Schirm eng und enger zusammen in der Hoffnung, die plötzlich aufkommende Nässe noch abwenden zu können. Mit dem immer stärker werdenden Regen kam aber auch ein heftiger, böiger Wind auf, der ein nahendes Unwetter ankündigte.

Wir schauten uns resigniert an und brachen in großer Eile unser Spiel ab, indem wir alles zusammenrafften und ins Haus stürzten. Es war auch höchste Zeit, denn inzwischen war der Himmel schwarz geworden, und plötzlich goss es wie aus Eimern. Was nun folgte, hatte ich in meinem langen Leben noch nie erlebt: In all dem Tosen draußen hagelte es plötzlich Golfball-große Eisklumpen! Wir standen, wie die Kinder vor dem Weihnachtsbaum, staunend am Fenster und konnten mit ansehen, wie die Hagelbälle nach ihrem Aufprall auf die Wiese einen

Meter wieder in die Höhe sprangen und dann – tanzend mit den anderen – zu Boden fielen.

Das seltene Schauspiel fesselte uns die kurze Zeit, die es andauerte, und ebenso plötzlich, wie der Hagel gekommen war, beendete er auch sein Spiel. Er ließ eine dicke weiße Eisschicht auf der Terrasse und der Wiese zurück. Die vertraute Umgebung des Hauses war binnen weniger Minuten total verändert, von einem herrlichen Sommertag fühlten wir uns in widrige Winterverhältnisse versetzt.

Es kam aber noch schlimmer, als wir unsere Autos vor der Garage erblickten. Sie waren von einer Schicht von abgerissenen Blättern und Zweigen, Tannennadeln und Zapfen vollständig bedeckt! Sie waren gut getarnte Fahrzeuge geworden, die man bei entsprechenden Übungen der Bundeswehrsoldaten auf dem Feld hätte einsetzen können.

Als das Wetter sich beruhigt hatte, kehrten wir unsere Autos mit Handfegern provisorisch ab. Erst im Gegenlicht bemerkte ich es, bis wir uns alle davon überzeugen konnten: Die Dächer aller Autos waren über und über von Dellen gezeichnet, die die großen Hagelkörner verursacht hatten! Im Zuge der Säuberung entdeckten wir auch auf der Motorhaube und den Kotflügeln zahlreiche Vertiefungen.

Wir erschraken, dachten wir doch gleich an die Wertminderung der Autos, die sich bei einem Verkauf bemerkbar machen würde. Da dieser Schaden aber von der Versicherung abgedeckt war, kümmerte ich mich nicht weiter darum. Ich wollte mein Auto ohnehin nicht verkaufen, und es auch nicht reparieren lassen. Deshalb freute ich mich über die Zahlung einer bewilligten vierstelligen Summe, die ein Sachverständiger errechnet hatte.

Noch heute besitze ich meinen hagelgeschädigten Golf, an dessen viele Dellen ich mich schon lange gewöhnt habe, zumal sie auch nur bei einem bestimmten Lichteinfall sichtbar sind.

Die Frau mit dem Loch im Kopf

Ich zögerte bei der Anmietung eines Fahrrades, obwohl wir im vorigen Jahr die Insel Juist mit großer Freude damit erkundet hatten. Nach dem Sturz im Badezimmer, der erst wenige Monate her war, war ich mir nicht sicher, die Balance halten zu können. Unser Fahrradvermieter riet mir daher zu einem Elektromobil, das sich mit einer geringen Geschwindigkeit in Bodennähe auf vier Rädern fortbewegte.

Es klappte überraschend gut mit diesem unbekannten Gefährt, ich gelangte langsam aber sicher ins Dorf und zu den Domänen, und ich war zufrieden.

Eines Abends, ich wollte das Mobil zurückgeben, weil ich es am nächsten Tag nicht brauchte, stand ich auf dem Vorplatz des Vermieters mit anderen Leuten zusammen, als ich unbewusst, ganz spielerisch, den Gashebel an dem E-Mobil betätigte. Die Wirkung dieser kleinen Bewegung mit einem Finger war nicht vorhersehbar: Das Gefährt riss mich nach vorn, ich fiel zurück, und mein Kopf schlug an einer Bruchsteinmauer auf.

In dem Moment muss mich wohl eine kurze Ohnmacht befallen haben, denn als ich wieder bei Bewusstsein war, wuselten viele Menschen um mich herum. Da ich stark aus einer Wunde am Hinterkopf blutete, legte mir der Fahrradvermieter, der offensichtlich gut in Erste Hilfe ausgebildet war, einen Druckverband an und wickelte eine lange Binde um meinen Kopf. Ich spürte, wie mein von Natur aus eher rundes Gesicht in ein Oval gezwängt wurde, und dachte mir, dass ich wohl sehr eigenartig aussähe!

Hartmut, der wegen einer Besorgung ins Zentrum der Insel gefahren war, kam erst jetzt mit seinem Fahrrad zum Ort des Geschehens. Er war voller Sorge um mich, nahm meine Hand und tröstete mich durch seine Anwesenheit. Wegen meines eigenartigen Aussehens konnte er sich allerdings ein Schmunzeln nicht verkneifen, und er erwog sogar kurzfristig, wie er mir später gestand, ein Foto von meinem veränderten Gesicht zu machen.

Man führte mich in die Küche und schob mir zur Beruhigung einen Stuhl hin. Immer wieder hörte ich Stichworte „Festland" und „Hubschrauber", und ich hoffte, dass dieser Kelch an mir vorübergehen und ich hier auf der Insel behandelt werden könnte.

Inzwischen war der Notarzt alarmiert worden. Die Sanitäter, die zuerst den Unfallort erreichten, lobten die Erstversorgung durch den Vermieter und legten mich dann auf die Bahre in ihrem Auto. Sie fragten kurz einige Dinge ab, um zu prüfen, ob ich durch den Sturz eine Gehirnerschütterung davongetragen hätte. Da ich alle Fragen, nach meinem Namen, dem Wochentag, der Insel und einige mehr, richtig beantworten konnte, waren sie zufrieden. Sie teilten das Ergebnis dem zeitgleich eingetroffenen Notarzt mit. Dr. O. aus Uganda hatte alles im Griff. Er war vertrauenserweckend und freundlich, von „Festland" und „Hubschrauber" war keine Rede mehr. Er ordnete an, mich zu dem Erste-Hilfe-Container in Strandnähe zu fahren. Hier wurde meine Kopfwunde fachgerecht betäubt, mit drei Stichen genäht und verbunden. Dr. O. sah ich noch einmal, als er mir die Fäden zog und mir seine Praxis zeigte, die er im Kurhaus mit seiner deutschen Frau betrieb.

Da so ein Notarzteinsatz auf einer autofreien Insel wie Juist von vielen Leuten bemerkt wird, sprach sich mein Unfall schnell herum. „Die Frau mit dem Loch im Kopf" war ein temporäres Thema unter den Gästen. „Wie geht es Ihnen?" „Haben Sie noch Schmerzen?" „Werden Sie Ihren Urlaub abbrechen müssen?" Solche und ähnliche Fragen wurden mir beim Spaziergang am Strand oder in der nahen Inselbäckerei mitleidsvoll gestellt.

Ich stellte mich auch in den nächsten Tagen bei verschiedenen Anlässen, z. B. dem Anmieten einer Kutsche, meinem Gesprächspartner am Telefon als „die Frau mit dem Loch im Kopf" vor, und man wusste sofort, wer ich war.

Den Schock des Unfalls hatte ich erstaunlich schnell überwunden. Ich setzte mich schon einige Tage später wieder in ein E-Mobil, um im Zentrum von Juist einige Einkäufe zu erledigen. In der Hauptstraße stellte ich mein Gefährt ab und machte mich zu Fuß auf den Weg. Als ich zurückkehrend meine gefüllte Tasche auf dem Gepäckständer verstaut hatte, nahm ich in meinem kleinen Auto Platz und betätigte den Anlasser. Zu meinem großen Schrecken blieb dieser stumm, und auch nach mehreren Versuchen wollte sich kein Fahrgeräusch einstellen.

„Hier ist die Frau mit dem Loch im Kopf", erreichte ich über das Handy den Vermieter, „ich glaube, der Akku meines Elektromobils ist leer!" Kaum hatte ich das Gespräch beendet, bogen schon zwei Mitarbeiter des Fahrradverleihs um die Ecke und brachten mir ein vollgetanktes Elektromobil mit. „Gute Fahrt!", riefen sie mir noch hinterher.

Das Wollschaf

Wir liebten das Wollschaf, und es zog uns immer wieder zu ihm hin.

Das „Wollschaf" war ein exklusives Bekleidungsgeschäft mit edlen Accessoires auf der Nordseeinsel Juist, auf der wir in stürmischer Herbstzeit vierzehn Tage Urlaub machten.

Wir waren am Samstag angekommen, hatten uns Räder gemietet und bei unserer Erkundungsfahrt am Sonntag in der City von Juist das „Wollschaf" entdeckt. Es war geschlossen, verhieß aber wegen Geschäftsaufgabe einen 50-prozentigen Nachlass auf alle Waren. Wir verweilten lange an den beiden Schaufenstern. Viele der ausgestellten Teile entsprachen unserem Geschmack.

Von nun an zogen uns magische Kräfte immer wieder zum „Wollschaf" hin. Am Montag erstand Hartmut zwei hochwertige Herrenpullover. Ich hatte während des Einkaufs eine graufarbige Tunika entdeckt, die auf einer Schaufensterpuppe mit einer passenden Kette aus unterschiedlich großen Steinen in variationsreichen Grautönen mit Perlmuttstücken ausgestellt war, und mich darin verliebt.

Am Dienstag fanden wir uns beim „Wollschaf" wieder, und ich kaufte die graue Tunika samt der Kette. Auch am Mittwoch steuerten wir mit unseren Rädern wieder dem „Wollschaf" zu. Ich erstand noch einen aparten Wollrock mit Rosenmotiven, der mir von Anfang an ins Auge gefallen war, und einige naturbelassene Seifenstücke aus Schafsmilch.

Da die Inhaberin des Geschäftes ab Donnerstag auf dem Festland zu tun hatte, sagten wir dem „Wollschaf" Lebewohl und machten zur Erinnerung noch ein Foto des Gebäudes.

Wir sind nun schon wieder fast drei Wochen aus Juist zurück. Gestern war ich von einer Freundin in eine private Runde zum Bridge-Spielen eingeladen. Ich hatte meine neue graue Tunika angezogen und die passende Kette umgelegt.

Als sich die Gäste im Hause der Freundin begrüßten, sagte eine mir fremde Dame aus Köln zu mir: „Da ist ja die Tunika mit der passenden Kette aus dem „Wollschaf" auf Juist!" Zur selben Zeit wie wir auf Juist weilend, hatte sie vorgehabt, die Tunika für sich zu kaufen, aber noch gezögert. Als sie sich am nächsten Tag dazu entschlossen hatte, war die Puppe im Schaufenster schon umdekoriert und die Tunika verkauft worden. „Sie haben also das schöne Teil erworben, das ich auch so gern gehabt hätte", wandte sie sich an mich.

Wir lachten herzlich über diesen Zufall in der doch so kleinen Welt!

Die Begegnung im IC

Sie war mir schon am Bahnhof von Norddeich-Mole aufgefallen: Eine etwa 40-jährige Frau mit rundem, heiterem Gesicht, in deren mittellangen Haaren bunte Wollfäden eingeflochten waren. Als wir dann in den wartenden Zug nach Köln einstiegen und unsere reservierten Plätze am Fenster einnahmen, ergab es sich, dass sie meine Banknachbarin wurde.

Schon kurz nach der Abfahrt rückte sie näher an mich heran und suchte das Gespräch mit mir. „Glauben Sie an Jesus?", fragte sie mich unvermittelt. Mit so einer essentiellen Frage einer mir unbekannten Frau konfrontiert, schwieg ich eine Weile, ehe ich sie bejahte. Das war für sie das Startzeichen, mir ihre Lebensgeschichte zu erzählen.

Sie war bis vor wenigen Jahren in einer unglücklichen Ehe gefangen, in der Alkoholismus und Gewalt zu Hause waren und in der sie jeden Tag gedemütigt wurde. Drei Kinder brachte sie zur Welt, zwei Söhne und eine Tochter. Sie konnte nicht verhindern, dass diese in dem negativen Milieu sehr schnell auf Abwege gerieten. Ihr älterer Sohn geriet in eine Gruppe zwielichtiger Freunde und sitzt, noch keine achtzehn Jahre alt, seit einem Jahr im Gefängnis. Der zweite Sohn rutschte in die Drogenszene und tauchte unter. Zu ihrer sechzehnjährigen Tochter hat sie keinen Kontakt, da diese nach verschiedenen Eskapaden in einem Heim für schwer erziehbare Jugendliche lebt und ziemlich von der Außenwelt abgeschottet wird.

„Ich habe ein erbärmliches Leben geführt und war immer das Opfer. Unterwerfung, Misshandlung, Lügen und vergebliches Hoffen bestimmten meinen Alltag. Meine Situation war aussichtslos! Da begegnete ich Jesus."

Sie zeigte mir ein blechernes Amulett an ihrer Halskette, und ihre Augen leuchteten. „Jesus sagte zu mir: ‚Jeder Mensch hat ein Kreuz zu tragen.'" Auch er habe sein schweres Kreuz allein zum Berg Golgatha schleppen müssen und sei dabei einige Male gefallen. Aber es wäre ein fremder Mann des Weges gekommen, der ihm half, seine Bürde zu tragen.

Die Frau fuhr mit ihrer sehr persönlichen Erzählung fort. Sie habe gespürt, dass sie ihr Leben in Christi Hände legen könne und dass er sie aus den Tiefen des Karfreitags in die Verklärung des Ostersonntags führen könne. Sie war sicher, dass er die Kraft habe, ihr schweres Kreuz tragen zu helfen und sie in ein besseres Leben zu geleiten.

Während dieser eindrücklichen Offenbarung rückte sie immer näher an mich heran und beschwor mich auf diese Art und Weise, ihr immer weiter zuzuhören.

„Durch Jesus habe ich mein Leben verändert, meine unglückliche Ehe beendet und diesen da getroffen, der seit einiger Zeit mein Gefährte ist." Sie zeigte auf den jungen Mann gegenüber, dem die ganze Unterhaltung offensichtlich eher peinlich war und der sich über längere Zeit aus dem Abteil entfernte.

„Wir sind sehr glücklich miteinander. Jesus hat uns gelehrt, dass wir nicht viel zum Leben benötigen. Wir bewohnen ein Zimmer mit ganz wenigen Dingen darin, weil wir nach und nach allen Ballast abgeworfen haben." Auf meine Frage erzählte sie, dass sie gerade von ein paar Tagen Urlaub auf Juist zurückkämen, wo sie in einer bescheidenen Unterkunft gelebt hätten. Mehr brauchten sie nicht, sie seien ganz eins mit Jesus, mit sich selbst und der Natur.

Das alles hörte sich für mich bewunderungswürdig an. Ich musste ihr aber doch noch eine Frage stellen, die mich bewegte: „Denken Sie denn nicht täglich an Ihre drei Kinder, die sie in schlimmen Situationen zurückgelassen haben?" Sie schaute mich überrascht an: „Das ist doch alles Vergangenheit, die zählt heute nicht mehr. Für mich gibt es nur noch die Gegenwart, in der ich ein neues Leben führe."

In diesem Augenblick kam ihr Gefährte zurück und mahnte zum Aufbruch, weil sie an ihrem Zielort angekommen waren. Beim Verabschieden entnahm die Frau ihren geflochtenen Zöpfen einen roten Wollfaden und schenkte ihn mir zum Dank für mein wohlwollendes Zuhören.

Ich dachte noch lange über diese ungewöhnliche Begegnung im IC nach.

Der große und der kleine Igel

„Horch mal, da kommt er schon wieder!", flüsterte ich meinem Gefährten zu, als wir wie so oft, abends unter der Pergola im Garten saßen. Er näherte sich, gut hörbar für uns. Schnaufend und schmatzend lief er aus den Büschen auf die Rasenfläche, wo ihn der Sensor der Lichtanlage am Haus erfasste und ihn in helles Licht tauchte. Jetzt konnten wir ihn genau erkennen. Er war ein ausgewachsener, extrem großer Igel, der auf seinen kurzen Beinen sehr behände seinen Abendspaziergang machte. Auf dem Weg zu uns rastete er an der Vogeltränke und trank dort lange und gierig.

Wir verhielten uns ganz still und ließen ihn näher kommen. Obwohl wir ihm nie etwas zum Fressen hinstellten, fühlte er sich doch bei uns heimisch und kam immer wieder. Er gehörte zu uns wie die vielen Vögel und Kleintiere, die den Garten belebten und uns erfreuten. In einer Ecke am Zaun hatte ich ihm eine Behausung aus Laub und dürren Zweigen angelegt, die er offenbar bewohnte.

Dann fuhren wir im Sommer zwei Wochen in Urlaub. Als wir nach der Heimkehr am ersten Abend wieder auf der Terrasse saßen, warteten wir vergeblich auf den Besuch unseres Igels. Kein Schnaufen oder Schmatzen war zu hören, und auch am folgenden Tag blieb unser Gartenbewohner verschollen.

Als ich am nächsten Mittag allein in der warmen Sonne auf der Terrasse saß, bemerkte ich einen unangenehmen Geruch, der aus dem hinteren Teil des Gartens kam. Ich folgte mit meiner Nase der Spur und bog um die Ecke, dort wo sich der Kellerabgang befindet.

Zu meinem großen Entsetzen sah ich ihn am Ende der Treppe auf dem untersten Podest liegen. Es war unser liebgewordener Hausgenosse, der große Igel! Offenbar war er die steile, steinerne Kellertreppe hinuntergefallen und konnte mit seinen kurzen Beinen die Stufen nach oben nicht erreichen. Er fand dort unten nichts zu fressen und zu trinken und musste in der Schwüle des Sommers qualvoll sterben.

Als der Gärtner sich am nächsten Tag zu ihm beugte, stellte er fest, dass das tote Tier nur noch aus seinem Fell mit den Stacheln bestand und das Fleisch bei der großen Hitze eingetrocknet war. Mich berührte es, dass der große Igel ein so tödliches Schicksal in meinem Garten erfahren hatte.

Uns fehlten indes die abendlichen Besuche unseres Hausigels in der nächsten Zeit, und darüber waren wir sehr traurig.

Kurze Zeit später saßen wir wieder in der Dämmerung auf der Terrasse. Was näherte sich denn da gut hörbar schnaufend und schmatzend von hinten? Als ihn der Sensor der Lichtanlage am Haus erfasste, erkannten wir einen kleinen schmalen Igel, der geschäftig umherlief und der sich in unserem Garten offensichtlich schon wohlfühlte. Der kleine Igel war angekommen und drängte die Erinnerung an den großen Hausfreund schon in den Hintergrund.

Ob er uns wohl auch täglich besuchen kommen würde?

Die beiden Wildstraßenkatzen

An einem Morgen ging ich von meinem Haus die lange Einfahrt hinunter zum Straßentor, um die Zeitung zu holen. Zeitgleich mit mir brach Garfield vom Nachbarhaus gegenüber zu seinem täglichen Gang über die Wildstraße auf. Er ging mühsam, schleppend und langsam, aber doch zielbewusst bis zur Mitte der Straße, wo er sich hinsetzte.

Garfield war der Kater der Nachbarin, den sie erst vor wenigen Jahren von einer Bekannten übernommen hatte. Er war ein ungewöhnliches Tier, für einen Kater eher klein und gedrungen, fast zwergwüchsig. Seine Beweglichkeit war offenbar durch eine Arthrose eingeschränkt, so dass sich sein Aktionsradius auf eine Runde von wenigen Metern auf der Wildstraße reduziert hatte. Auch in der Farbe des Fells unterschied er sich von den anderen Katzen der Nachbarschaft. Er war orangerot mit der Beimischung von etwas Weiß. In Köln würde man sagen, er war „fussig".

Wenn man Garfields schönes Gesicht anschaute, war klar, dass er ein intelligentes und selbstbewusstes Tier war.

Von meinem Gartenzaun aus rief ich ihm zu, „Garfield, Garfield, komm doch rüber zu mir!" Obwohl er mich kannte, bewegte er sich nur ein wenig, und das wie gesagt mühsam und langsam, und setzte sich jetzt am Straßenrand nieder. Seine Sitzhaltung war besonders niedlich, nach Art der Katzen, indem er seine Vorderpfoten ganz eng aneinanderstellte und somit aufrecht saß. Sein Gesicht war aufmerksam zu mir gerichtet, und wir konnten uns von Angesicht zu Angesicht unterhalten, was wir auch eine ganze Weile taten.

Plötzlich veränderte sich die Situation. Auf leisen Pfoten kam von hinten die zweite Wildstraßenkatze angesprungen, streifte meine rechte Seite und schlüpfte durch das Torgitter auf die Wildstraße. Sie war für mich namenlos, jünger als der kleine Kater, und ihr Fell war schwarz, mit weißen Pfötchen.

Als sie sich Garfield näherte, wirkte sie angriffslustig. Ihr Gesicht hatte einen frechen Ausdruck, und ihre Augen funkelten. Ich war erschrocken, dachte ich doch, dass der kleine Kater der großen Katze unterlegen war und im besten Falle das Weite suchen würde. Aber weit gefehlt! Während die Katze mit Sprüngen und erhobener Tatze Garfield herausfordern wollte, blieb dieser mit stoischer Ruhe sitzen! Mehrmals machte die Katze aggressive, später auch spielerische Annäherungsversuche, vergeblich! Der Kater blieb ungerührt auf seinem Platz! Er ignorierte das lebhafte Gebaren der Katze und zeigte ihr, wenn auch von Gestalt sehr viel kleiner, dass er der Herr der Wildstraße war.

Das köstliche, unterhaltsame Schauspiel dauerte noch eine Weile, ehe die Katze merkte, dass sie keine Chance bei Garfield hatte, weder mit ihm zu streiten noch zu spielen. Also trollte sie sich in eine andere Richtung.

Garfield blieb noch kurze Zeit auf derselben Stelle sitzen und genoss offenbar seinen Sieg, ehe er wieder mühsam, schleppend und langsam, aber zielbewusst ins Nachbargrundstück zurücktrottete.

Auch ich ging zurück ins Haus, amüsiert von dem Verhalten der beiden Wildstraßenkatzen.

Fast ein Krimi

Ich habe die halbe Welt bereist, der Bayerische Wald war für mich aber immer ein weißer Fleck geblieben. Das sollte sich ändern, als ich nach Erscheinen meines ersten Buches „Ein Paradies im ersten Stock" meinen Vetter Norbert wiederentdeckte, der der mittlere Sohn von Tante Mia ist und der in einem Dorf nahe der tschechischen Grenze seit Jahrzehnten seine Landarztpraxis betreibt. Er lud meinen Gefährten und mich ein, in seiner Heimat den Sommerurlaub zu verbringen.

Wir freuten uns sehr, als er im Haus eines älteren Ehepaares für uns eine Wohnung finden konnte, die die nächsten vierzehn Tage unser Domizil sein sollte. Das großzügige Appartement mit herrlicher Sicht vom Balkon auf die bayerischen Wälder gefiel uns, und wir hätten uns uneingeschränkt wohlgefühlt, wenn da nicht eine Unannehmlichkeit gewesen wäre.

Einige Tage hatten wir schon die lauten Geräusche in der Wohnung der Vermieter unter uns ertragen, in der der Fernseher mit großer Lautstärke lief. Wir konnten das Gespräch zweier alter Menschen hören, das durch das Treppenhaus bis zu uns nach oben schallte, weil uns keine eigene Etagentür trennte. Allzu oft mussten wir auch das laute Schimpfen der alten Frau ertragen, die ihren kranken Mann zurechtwies.

Als wir eines frühen Abends von einem Konzert nach Hause zurückkehrten, betraten wir dagegen ein ruhiges Haus. Es gab kein lautes Gerede und kein Fernsehen zum Mithören! Wir verweilten in der Eingangsdiele und lauschten ungläubig auf die ungewohnte Stille. Aber obwohl uns das laute Gehabe der Nachbarn gestört hatte, brachte uns die plötzliche Ruhe keine Erleichterung, sondern versetzte uns in ein anhaltendes Grübeln.

Wir fragten uns, ob unsere betagten Vermieter kurzfristig verreist seien, was wir aber schnell ausschlossen, da es unwahrscheinlich war. Musste der alte Mann vielleicht wegen seines Anfallleidens ins Krankenhaus gebracht werden? War möglicherweise seine achtzigjährige Frau von der aufwendigen Pflege überbeansprucht und am Ende ihrer Kräfte zusammengebrochen? Fragen über Fragen!

Bei unserer Rückkehr am Abend hatten wir allerdings gesehen, dass das Garagentor wie immer offen stand, der alte Mercedes sich darin befand und das Küchenfenster gekippt worden war. Also folgerten wir, dass unsere Vermieter im Hause sein müssten.

Nun begann sich meine Phantasie zu regen, die durch das viele Krimigucken in früherer Zeit mit grausigen Möglichkeiten dienen konnte. Wir stiegen nach oben in unsere Wohnung, und ich malte mir aus, wie die beiden Alten sich an diesem Tag so auf die Nerven gegangen waren, dass sie sich etwas Schreckliches angetan hatten. Ich ging so weit, mir vorzustellen, sie lägen in ihrem Blut tot in der Wohnung.

Ein gruseliges Gefühl erfasste mich. Ich glaubte, keinen Tag länger in diesem Haus bleiben zu können, und überlegte ernsthaft, am nächsten Morgen ein anderes Quartier zu suchen.

Dennoch stiegen wir hinauf in unsere Ferienwohnung, wo wir uns aber wegen der fehlenden Etagentür auch nicht geborgen fühlten. Deshalb schloss ich meine Zimmertür zweimal ab, ehe ich mich ins Bett legte. Dort fand ich, wie erwartet, keine Ruhe, mir war es unheimlich, und ich hatte große Angst vor einer schrecklichen Auflösung meiner Panik. Ich konnte nachts kaum schlafen und horchte immer wieder auf die einst vertrauten Geräusche aus der unteren Wohnung.

Als ich am nächsten Morgen die Zeitung nach oben holen wollte, begrüßte mich meine Vermieterin in aufgeräumter Stimmung. Begierig fragte ich sie: „War gestern abend etwas los bei Ihnen?" Kurz gesagt, es war überhaupt nichts gewesen! Ihr Mann hatte einen guten Tag gehabt, der Fernseher wurde abends nur kurz und leise eingeschaltet, und beide waren sehr zeitig zu Bett gegangen. Alles war in bester Ordnung.

Gespräch zweier 80jähriger Frauen

Das Telefon läutet.

Ich unterbreche meine Arbeit und nehme den Hörer auf.

„Guten Tag, meine Liebe!", begrüßt mich eine Freundin, die ich länger nicht gesprochen hatte. Ich freue mich über ihren Anruf: „Wie schön, von dir zu hören." „Ich wollte mich doch mal erkundigen, wie es dir geht." „Mir geht es sehr gut." Es folgt eine Gesprächspause und dann: „Wie, sehr gut, hast du denn keine Schmerzen?" „Nein, damit kann ich dir nicht dienen." „Aber du hattest doch vor einiger Zeit noch Probleme mit dem Fuß!" „Ja, die hatte ich, aber die sind nun auskuriert." „Wie, auskuriert! Hast du nicht ein ständiges Programm von Physiotherapien?" „Nein, das gehört der Vergangenheit an." „Aber du kannst noch nicht so wie früher schmerzfrei gehen?" „Doch, ich kann wieder ohne Schmerzen Treppen steigen und eine Zeitlang wandern." „Das verstehe ich alles nicht! Ich selber habe Schmerzen am Rücken, den Ohren, den Zähnen … kurz: mich schmerzt jeder Knochen meines Körpers." „Das tut mir so leid!" „Aber glaube mir, meine Beschwerden sind noch gar nichts gegen die Krankheiten meiner Freundinnen. Ich höre von ihnen nur Klagen über ihren Gesundheitszustand. Ihre vielfältigen Krankheiten kann ich dir gar nicht aufzählen." „Das musst du auch nicht. Ich bedaure euch alle von Herzen."

Wir sprechen nun noch über anstehende Termine und ein Treffen in naher Zukunft. „Dann kann ich dir zum Abschied gar keine gute Besserung wünschen!?" „Nein, das ist nicht nötig! Ich aber wünsche dir eine gute Zeit, bis wir uns wiedersehen." Bevor das Gespräch ganz abbricht, höre ich die Freundin noch konsterniert murmeln: „Ich verstehe die Welt nicht mehr …!"

Ich lege den Telefonhörer auf die Mobilstation und gehe wieder meiner unterbrochenen Arbeit nach.

Traum oder Wirklichkeit

Ich bin eine leidenschaftliche Friedhofsbesucherin. In jedem Urlaub nehme ich mir ausgiebig Zeit, über fremde Friedhöfe zu gehen. Bei besonders gestalteten Grabstätten verweile ich gern, ich merke mir die Häufigkeit von Familiennamen des Urlaubsortes und bewundere die gebräuchlichen Grabmäler oder Kreuze der jeweiligen Gegend.

Auch in meinem Heimatort Königsdorf wähle ich meinen Spaziergang oft über den Friedhof, dessen älterer Teil einen alten Baumbestand hat und dessen neuerer Teil sich von einem Mittelpunkt aus in kreisförmigen Gräberreihen fortsetzt. Zum Entzücken aller Besucher verwandelt sich der Friedhof im Frühling in ein rosa Blütenmeer von japanischen Kirschen.

Eines späten Nachmittags ging ich, wie so oft, allein auf dem Friedhof unseres Dorfes spazieren. Nach dem Besuch am Grab meines Mannes, der hier schon seit 18 Jahren begraben liegt, schloss ich eine große Runde durch die vertrauten Gräberreihen an. Viele Namen auf den Grabsteinen sind mir geläufig, und ich kenne meist die dazu gehörende Familiengeschichte, da ich schon seit 54 Jahren in Königsdorf wohne.

An einer Ecke stutzte ich, weil ich eine mir unbekannte Grabanlage entdeckte. Sie bestand aus einem großen Findling in der Mitte und fünf im Halbkreis flach liegenden grauen Natursteinen. Alle Grabsteine waren graviert, und ich konnte sie einer mir bekannten Familie im Dorf zuordnen.

Die Grabanlage war neu erstellt und noch nicht mit Blumen oder Sträuchern hergerichtet worden. Sie wirkte deshalb in der beginnenden Dämmerung grau in grau, fast verschwommen, schemenhaft und unwirklich.

In der folgenden Nacht träumte ich sehr realistisch von ebendieser Begräbnisstätte, die an einer bestimmten Ecke unseres Friedhofes lag.

Der Traum der vergangenen Nacht beschäftigte mich noch am nächsten Morgen und verunsicherte mich zugleich. Hatte ich die Grabablage bei meinem Spaziergang nun gesehen oder nur von ihr geträumt?

Am Nachmittag ging ich deshalb neugierig wieder auf den Friedhof, um das Geheimnis vielleicht lüften zu können. In meinem Kopf war das Ende einer bestimmten Gräberreihe festgeschrieben, an der die neue Anlage zu finden wäre.

Als ich dorthin gelangte, war keine Grablege zu sehen! Ich musste mir beschämt eingestehen, Traum und Wirklichkeit verwechselt zu haben.

Das wollte ich jedoch so nicht stehenlassen, und deshalb begab ich mich am nächsten Tag wieder auf den Friedhof. Mit meinem Suchblick ging ich aufmerksam durch die Gräberreihen. Es dauerte nicht lange, bis ich an einer Kreuzung der Wege auf die oben beschriebene Grabanlage stieß. Sie lag tatsächlich nur wenige Meter von der von mir vermuteten Stelle entfernt. Ich hatte am Tag zuvor nur in die falsche Richtung geschaut – und konnte also beruhigt feststellen, dass ich diese Geschichte nicht nur geträumt hatte.

Die Grablege war inzwischen auch gärtnerisch ansprechend hergerichtet worden: Sie wies nun eine Umrandung aus Eisen auf, die in wenigen Jahren von den bodendeckenden Pflanzen überwachsen werden würde. Zwei Kerzen brannten in entsprechenden Lampen, und ein Strauß mit roten Beeren vervollständigte das Ergebnis dieser neuen Grabanlage.

Dieses Grab strahlt Ruhe und Ästhetik aus und bereichert unseren Dorffriedhof. Für mich ist es wohltuend, dass überhaupt noch Menschen ihre Verstorbenen – auch wenn sie schon seit Generationen tot sind – auf diese würdige Art ehren.

Ein Tag im Leben einer Achtzigjährigen

Ich hatte mir den Wecker auf sieben Uhr gestellt, erwachte aber aus tiefem Schlaf schon einige Minuten früher. Mein ganzes Leben lang konnte ich mich auf meine innere Uhr verlassen und stellte den Wecker immer nur aus Vorsorgegründen.

In Ruhe machte ich mich fertig und fuhr dann mit dem Auto zu meiner Reparaturwerkstatt ins nahe Frechen, wo ich einen Termin für den fälligen Ölwechsel hatte. Dort kam mir auch alsbald der zuständige Sachbearbeiter freundlich entgegen. Er tütete die Autoschlüssel ein, die beide eine neue Batterie benötigten, und wollte schon das Gespräch auf den reservierten Leihwagen bringen, der mir zustand. Da musste ich ihn damit konfrontieren, dass ich auf einen Leihwagen verzichten könnte, wenn mein Auto umgehend gewartet würde. Ich hätte nämlich um 11 Uhr einen Termin beim Straßenverkehrsamt im 20 km entfernten Bergheim, den ich unbedingt wahrnehmen wollte. Spätestens um 10.30 Uhr müsste mein Auto also wieder fahrbereit sein.

Der Sachbearbeiter wiegte den Kopf bedächtig hin und her, erzählte etwas von sechzig Autos, die jeden Tag in der Firma gewartet würden, und bezweifelte, dass mein Auto in der Kürze der Zeit die Werkstatt verlassen könnte. „Es ist doch nur ein Ölwechsel, das könnten die Monteure doch leicht schaffen", warf ich ein. „Im Übrigen sparen Sie dann den Leihwagen für mich! So wäscht eine Hand die andere." Das war ein gutes Stichwort, und er gestand mir, dass die Leihwagen an diesem Tag tatsächlich äußerst knapp waren. Also wurde der Abholtermin meines Autos auf 10 Uhr festgelegt.

Erst jetzt erzählte ich dem Mann, dass ich diesen Termin im Straßenverkehrsamt unbedingt wahrnehmen müsse, weil ich meinen Kraftfahrzeugschein verloren oder unauffindbar verlegt hatte und mir dort einen neuen besorgen wollte.

Es war mittlerweile neun Uhr geworden. Da ich noch ohne Frühstück war, suchte ich in dem Gewerbegebiet nach einer geeigneten Möglichkeit, ein solches zu bekommen. Alles war sehr weitläufig, ich musste große Strecken bewältigen, was mir nicht leichtfiel. Ein McDonald's-Restaurant schien mir ungeeignet und war zudem geschlossen, und ebenso ein großes Möbelhaus, in das ich gern eingekehrt wäre. Ein Autohof warb mit allerlei Speisen, ich aber hatte in dieser Morgenstunde keine Lust auf Brummifahrer und laute Musik. Da kam mir der Gedanke an den großen Blumenmarkt, dessen Café ich kannte, der aber noch mindestens zehn Minuten strammes Gehen entfernt lag.

Seit geraumer Zeit regnete es ziemlich stark. Als ich freudig in die Stichstraße einbog und den Eingang der Markthalle schon im Blick hatte, rutschte ich plötzlich auf etwas aus und wäre um ein Haar rückwärts hingefallen. Bei näherer Betrachtung stellte ich angeekelt fest, dass ich in einen großen Hundehaufen, der mitten auf dem Bürgersteig lag, getreten war. Mein linker Schuh war beschmiert, und die stinkende Masse quoll an der Seite hervor. Meine Mutter, die immer verschiedene Deutungen von Geschehnissen auf Lager hatte, hätte mich damit getröstet, dass ein Tritt in Hundekot Glück bringen würde.

Es kostete mich ein paar Minuten, bis ich meinen Schuh einigermaßen gesäubert hatte. Meine gute Laune kehrte dann schnell zurück, als ich ein kleines Frühstück mit einem doppelten Espresso in der Halle, umgeben vom köstlichen Geruch der vielen Blumen, zu mir genommen hatte.

Da ich die Uhr zur Abholung meines Autos im Auge behalten musste, machte ich mich eilig auf den zwanzigminütigen Rückweg. Es regnete ziemlich heftig, und ich ging sehr vorsichtig, um nicht auf dem nassen Untergrund auszurutschen oder über ein unerwartetes Hindernis zu stolpern. Als ich den letzten großen Parkplatz überquerte, sah ich plötzlich etwas auf dem nassen Asphalt liegen. Ich bückte mich danach und sah einen Führerschein im Kartenformat, der in einer Plastikhülle steckte. Da ich die Gefühle beim Verlust eines so wichtigen Dokuments kannte, freute ich mich schon jetzt, ihn später beim Straßenverkehrsamt abzugeben, damit er seinem Besitzer zurückgegeben werden konnte.

Ohne Probleme nahm ich zum verabredeten Zeitpunkt mein gewartetes Auto in Empfang, das auch noch innen und außen gereinigt worden war. Schnell programmierte ich das Navi und brach dann in Richtung Bergheim auf.

Da ich auf längeren Strecken gern das Autotelefon benutze, drückte ich die eingespeicherte Nummer meiner älteren Tochter, um mit ihr ein Schwätzchen zu halten und einige Termine abzusprechen. Dabei kam es wohl an einer Kreuzung mit einer Ampel dazu, dass ich versehentlich bei Grün anhielt und der Fahrer hinter mir erschrocken anhaltend hupte. Meine Tochter hörte das am Telefon und fragte, was denn los sei. „Ich habe aus Versehen bei Grün gehalten, daher das Hupkonzert." „Mama, du musst dich im Straßenverkehr besser konzentrieren, sonst …" Ich war selber betroffen und gelobte, in Zukunft besser aufzupassen.

In Bergheim angekommen, fand ich schnell das Viertel mit den verschiedenen Ämtern, aber dort keinen Parkplatz. Ich fuhr einmal vergeblich um das Karree, bis ich den Eingang zu einer Tiefgarage entdeckte.

Dort parkte ich ganz am Eingang auf einem Frauenparkplatz und beeilte mich, wieder nach oben zu steigen. Ich hatte mir nämlich per Internet den Termin um 11 Uhr ausgesucht und somit eine lange Wartezeit umgangen.

Alles war im Zeitplan, als ich im ersten Stock des Straßenverkehrsamtes ankam. In diesem Haus absoluter Bürokratie erlebte ich ein vergnügliches halbes Stündchen. Ein junger Angestellter, offenbar ein Italiener, öffnete mir freundlich die Tür, fragte mich nach meinem Anliegen und begleitete mich zu einer Bank, von der aus ich sitzend die Anzeigetafel der Internettermine beobachten konnte. Da ich noch nicht an der Reihe war, nutzte ich die Zeit, um den gefundenen Führerschein abzugeben. Auch in diesem Raum war eine angenehme Atmosphäre, und alle freuten sich für den Besitzer des Führerscheins.

Ich war noch mit dem Austausch der Daten beschäftigt, als der nette junge Mann in das Büro stürzte und mir verkündete, dass ich unverzüglich zu Schalter 7 gehen solle. Dort wartete schon ein freundlicher Sachbearbeiter auf mich, der mir anhand meines Personalausweises und des Fahrzeugbriefes einen neuen Kraftfahrzeugschein ausstellte. Den Unkenrufen einiger Menschen meiner Umgebung zum Trotz kostete das neue Dokument nur 17,10 €.

Wieder im Vorraum angekommen, herrschte dort noch immer eine heitere Stimmung. Der junge Italiener versorgte alle Kunden mit Auskünften, hielt ihnen die Tür auf, brachte Mann und Frau zusammen, die einander suchten, und nahm immer wieder vor der Anzeigetafel zu einem Schwätzchen Platz.

Als ich mich bei ihm für seine Hilfsbereitschaft bedankte, erzählte er mir, dass sein Job eigentlich daraus bestand, auf dem Hocker neben dem Nummernspender zu sitzen und darauf zu achten, dass jeder Kunde sich nur eine Nummer zog. „Sie glauben gar nicht, was hier manchmal abläuft! Manche Menschen nehmen sich mehrere Nummernzettel und treiben im Treppenhaus oder in der Tiefgarage einen schwunghaften Handel damit. Für zwei € verhökern sie das Stück, das den Menschen eine kürzere Wartezeit ermöglicht. Diese Arbeit ist mir zu langweilig, und ich habe meinen Wirkungskreis zum Wohle der Kunden erweitert."

Herzlich lachend verabschiedete ich mich und fuhr danach zügig nach Königsdorf zurück.

Ein Blick auf die Uhr sagte mir, dass ich noch einen Besuch bei meinem Sparkassenberater schaffen könnte. Obwohl ich keinen Termin mit ihm vereinbart hatte, war dieser zufällig gesprächsbereit. Ich wollte gern die Vorsorgevollmacht für meine Kinder im Falle meines Todes sicherstellen, damit sie im „worst case" über mein Konto verfügen könnten. Das war als Ergänzung dringend erforderlich, da meine Patientenverfügung zehn Jahre alt war und diese Dokumente noch fehlten.

Es dauerte ziemlich lange, bevor der Bürokratie Genüge getan worden war. Nach dem Gespräch mit dem Berater spuckte der Drucker eine Menge Informationsblätter aus, und ich leistete unzählige Unterschriften. Schließlich war diese Angelegenheit aber positiv zu Ende gegangen, und ich freute mich über das abgeschlossene Problem.

Während eines kurzen Innehaltens merkte ich eine gewisse Erschöpfung und Müdigkeit, die sich meiner bemächtigte, die ich aber nicht so recht wahrnehmen oder mich danach richten wollte. Routinemäßig ging ich zum Computer im Foyer, um mir die Kontoauszüge drucken zu lassen. Zu meiner Entlastung legte ich den Stapel Papiere, den ich eben bekommen hatte, auf einem Brett neben dem Automaten ab.

Ein erneuter Blick auf die Uhr zeigte mir, wie spät es schon geworden war. Eilig fuhr ich daher noch zu einem Supermarkt, um einige notwendige Lebensmittel einzukaufen. Ich wollte nämlich zum Abendessen Kabeljaufilets mit Rosenkohl und Kartoffeln zubereiten.

Endlich war alles geschafft; erleichtert, aber ziemlich kraftlos kam ich zu Hause an. Ich räumte den Einkauf vom Auto in die Küche und merkte dabei irgendwie unbewusst, dass ich doch etwas vergessen hatte. Das Telefon in der Diele zeigte bei näherem Hinsehen ein rotes Blinken. Auch das musste ich also noch erledigen, nämlich den Anrufbeantworter abhören.

Es meldete sich mein Sparkassenberater: „Liebe Frau Wonschik, alles ist gut! Ich wollte Ihnen nur sagen, dass Sie den Stapel der Dokumente, den Sie von mir bekommen haben, im Foyer liegen gelassen haben. Er ist mir soeben abgegeben worden und nun in bester Obhut!"

Entsetzt und beschämt hörte ich im Geiste meine Tochter schimpfen: „Mama, du musst dich aber besser konzentrieren!" Wie recht sie hatte! Ich gelobte mir selber, als Achtzigjährige meinen Tag nicht mehr so voll mit Terminen zu packen, sondern wichtige Erledigungen auf mehrere Tage sinnvoll zu verteilen.

Das ist gar nicht so einfach, denn manchmal vergesse ich mein Alter und glaube, noch wie früher einen ganzen Tag lang fehlerfrei funktionieren zu können.

Corona Colonia

Am Freitag wollte ich nach längerer Zeit wieder einmal nach Köln fahren in die von mir geliebte und vertraute Stadt, die von den Römern als Colonia Ara Agrippinensis gegründet worden war, in der ich ab dem neunten Lebensjahr aufgewachsen bin. Es herrschte seit sechs Wochen die Corona-Pandemie.

Da ich im Zentrum etwas besorgen wollte, fuhr ich am Morgen mit meinem Auto in das Parkhaus unter dem Schnütgen-Museum. Da, wo sonst ein dichtes Gedränge herrschte, standen einsam zwei Autos.

Es war ein sonniges Frühlingswetter, und ich machte mich auf meinen Weg. Die Schildergasse, die wichtigste Einkaufsstraße Kölns, die ich überqueren musste, war menschenleer. In den Eingangsnischen der großen Kaufhäuser lagerten obdachlose Bettler, die sich mit ihrem gesamten Besitz häuslich eingerichtet hatten. Ein in die Jahre gekommener Mann mit struppigem langen Bart und lockigem Zottelhaar hatte seine Liegefläche mit rotweißen Hütchen abgesperrt, wie man sie bei Straßenarbeiten verwendet.

Alle hatten Becher für Münzen an den Rand gestellt, aber es kamen nur wenige Menschen vorbei, die etwas hineinwerfen konnten. Köln war in seiner Haupteinkaufsmeile eine tote Stadt.

In Höhe des Seiteneingangs von C&A kam ein etwa sechzig Jahre alter Bettler auf mich zu. Ich erinnerte ihn ziemlich laut an den von den Behörden geforderten Abstand, den er auch willig korrigierte. „Ich brauche Ihre Hilfe", sprach er mich direkt an, „ich habe Hunger und kann mir noch nicht einmal ein Brötchen zum Frühstück kaufen." Er tat mir leid, und ich gab ihm zwei Euro, ohne zu bedenken, dass er mir das Portemonnaie hätte aus der Hand reißen und damit weglaufen können.

Auf meinem Weg kam ich an Geschäften vorbei, die durch grobe Eisengitter verschlossen waren. Auch kleinere Läden, die geöffnet haben durften, hatten ihre Türen in der richtigen Annahme zugesperrt, dass ohnehin kein Käuferpublikum sich zu ihnen verirren würde. Statt Menschen vor den Schaufenstern gab es leere Kartonberge und Unrat auf dem Bürgersteig.

Als ich am Opernhaus vorbeikam, sah ich zu meinem Entsetzen die seit etwa zehn Jahren währende Baustelle fast unverändert und in einem Schlafzustand. Ich werde es wohl nicht mehr erleben, dass in dem renovierten Haus wieder eine Opernaufführung stattfinden kann.

Meine Besorgungen hatte ich schnell gemacht und in einen leichten

Einkaufsbeutel verstaut. Jetzt hätte eine Tasse Kaffee gutgetan, die ich in einem der vielen Cafés hätte trinken und mich dabei etwas hätte ausruhen können. Aber alle kleinen und großen Gaststätten waren geschlossen. Manche hatten ihre Tische und Stühle aus glücklichen Zeiten der Außengastronomie noch auf der Straße stehen, als würden sie zum Sitzen und Verzehren einladen. Jetzt waren aber die Möbel mit Seilen oder Ketten aneinandergebunden und damit unbrauchbar gemacht worden. In den Zeiten der Corona-Pandemie waren Speisen und Trinken in Restaurants und Biergärten strikt verboten, und Zuwiderhandeln wurde mit Bußgeld geahndet.

Ich war sehr traurig, zeigte sich doch meine geliebte Stadt Köln nicht in der gewohnten Weise gastfreundlich und heiter.

Es blieb mir nichts anderes übrig, als niedergeschlagen den Rückweg anzutreten. Meine Stimmung hellte sich etwas auf, als ich an der Seite des Schnütgen-Museums oberhalb einiger Stufen sechs steinerne Bänke erblickte, die in der Sonne standen und mich zu einer kurzen Rast aufforderten. Ich legte meine große Handtasche und meinen Einkaufsbeutel neben mich und genoss das Sitzen auf der von der Sonne erwärmten Steinbank.

Da fiel mir eine Frau mittleren Alters auf, die ihren geöffneten Schlafsack wie eine Decke um ihren Körper gewickelt hatte. Sie ging unten auf dem Bürgersteig an mir vorbei, und ich verfolgte sie nicht weiter mit meinen Blicken.

Plötzlich aber stand sie vor mir und wollte sich dicht neben mich setzen. „Halten Sie bitte Abstand!", herrschte ich sie an. Ihre abgrundtief traurigen Augen sahen mich an: „Ich brauche Ihre Hilfe!" Das hatte ich heute Morgen schon einmal gehört. Die armen Menschen sprachen ihre Geldgeber in dieser schlimmen Zeit der verwaisten Straßen offenbar direkt persönlich an. „Gehen Sie zu den Ämtern der Stadt Köln, dort wird Ihnen geholfen." Sie aber blieb eindringlich: „Nein, ich brauche IHRE Hilfe! In meinem Kopf gibt es so viele Stimmen, ich werde bald verrückt!" Ich setzte mich aufrecht und brauchte einen Augenblick der Besinnung. An solche Situationen bin ich nicht gewöhnt und bin ihnen auch nicht gewachsen. Ich wollte nur weg von dieser Frau!

Mit meinen beiden Taschen strebte ich der Treppe zu, von der ich unter normalen Umständen genau gewusst hätte, dass ich sie nicht ohne ein Geländer oder eine helfende Hand hinuntergehen könnte. Aber in diesem Moment war ich auf der Flucht und hatte alle Vorsichtsmaßnahmen vergessen.

Schon auf der zweiten Stufe strauchelte ich. Während in meinem Kopf ein Film mit schrecklichen Bildern von vergangenen Stürzen ablief, fiel ich mit meinen beiden Taschen die Treppe hinunter.

Sofort kam ein junger Mann gelaufen: „Ist alles o. k. bei Ihnen?", fragte er teilnehmend. Schon war auch die Frau von eben bei ihm und schrie ihn an: „Kommen Sie der Frau nicht zu nahe!" In welche Lage war ich geraten? Ich spürte nur einen Schmerz am rechten Ellenbogen, später stellte ich dort eine blutende Schürfwunde fest. Ansonsten hatte ich wohl Glück im Unglück gehabt.

Schnell bedankte ich mich bei dem hilfsbereiten jungen Mann und hatte nur eins im Sinn: nämlich aus dieser misslichen Situation zu flüchten. Ohne mich noch einmal umzusehen, erreichte ich mein Auto und fuhr unbehelligt nach Hause.

Ich möchte am liebsten diesen unangenehmen Tag aus meinem Leben streichen, um demnächst nach der Corona-Pandemie wieder unter besseren Bedingungen mit Freude nach Köln fahren zu können.

Corona

Ende Februar 2020 fuhren wir noch für zehn Tage in unser Domizil in der Eifel und besuchten dort eine ehemalige Kollegin von mir zu einem Kaffee- und Plauderstündchen. Am 13. und am 16. März spielten wir die letzten beiden Bridgeturniere in zwei verschiedenen Clubs.

Dann begann die Corona-Krise.

Das Virus hatte sich ungebremst, von China kommend, in Deutschland und in Europa ausgebreitet, und es entwickelte sich eine Pandemie. Die Bevölkerung musste von einem Tag auf den anderen große Einschränkungen in ihrer Lebensführung hinnehmen. Um die Geschwindigkeit der Ansteckung zu verlangsamen, ordneten die Politiker strikte Verbote an, die einen absoluten Ausnahmezustand erzeugten. Zusammenkünfte von mehr als zwei Personen, Feiern und Veranstaltungen waren verboten; Kitas, Schulen und Universitäten wurden geschlossen. Auch die Bewohner der Altenheime durften keine Besuche mehr empfangen.

Das neue Leben beschränkte sich im Wesentlichen auf das Zuhause. Panikmache und Hamsterkäufe bestimmten den Alltag, im Fernsehen und Radio gab es kaum noch andere Meldungen als die über die Corona-Pandemie, die uns alle mit dem Tod bedrohte. Wir sahen und hörten Schreckensbilder von vielen Toten, vornehmlich aus unseren Nachbarländern, während die Ansteckungswelle in Deutschland relativ niedrig verlief und die Krankenhäuser vorwiegend leer blieben.

Dennoch wurde die Bevölkerung mit Verboten überhäuft. „Haltet Abstand!" war das meistgehörte Diktat. Gummihandschuhe und selbst genähte Gesichtsmasken beim Einkaufen beschäftigten die Überlegungen der Menschen. Die Fußballvereine veranstalteten zunächst Geisterspiele vor leeren Rängen und spielten dann gar nicht mehr; die Priester feierten Gottesdienste in leeren Kirchen. Die Menschen wurden ausgesperrt und in ihren häuslichen Bereich zurückgedrängt. Leidtragende waren vor allem die Familien, die mit Kindern beengt wohnten und in denen Mutter oder Vater im Home-Office arbeiteten. Schließungen von Betrieben und damit Kurzarbeit und Arbeitslosigkeit griffen mehr und mehr um sich.

Seit einiger Zeit muss jeder beim Einkaufen oder in öffentlichen Verkehrsmitteln einen Nasen-Mund-Schutz tragen und trotzdem einen Abstand von mindestens 1,5 Metern einhalten. Das Maskenproblem wurde ziemlich hochgeschaukelt, weil das Tragen dieses Schutzes sehr unangenehm und lästig war. Um das zu überspielen, entspann sich ein regelrechter Wettlauf im Nähen von bunten und lustig gemusterten Masken, die passend zum Outfit ausgesucht wurden. Wer trägt die schönste im ganzen Land?

Auf der anderen Seite rückten die Menschen wieder näher zusammen. Sie traten in den Städten um 21 Uhr auf die Balkone und sangen Lieder zum Dank für die Helfer in dieser Ausnahmesituation, für die Pfleger, Ärzte, Feuerwehrleute und Kassiererinnen in den Supermärkten, die als einzige zur Versorgung dienende Einrichtungen noch geöffnet hatten. Um 19.30 Uhr läuteten überall die Kirchenglocken.

So war es auch in meiner Familie, die mich in dieser Zeit in meinem Haus am Stadtrand von Köln nicht allein ließ. Ich hatte selten so viel Kontakt mit allen und traf meine Kinder und Enkelinnen im Wald, auf dem Friedhof oder in meinem Garten. Wir blieben auf Distanz, waren uns aber doch auf besondere Weise nah. Auch Hannah, die in London wohnt, schickte Nachrichten und Fotos und reihte sich so in die Familie ein.

Das war für mich eine seltsam beglückende Zeit. Durch den Wegfall aushäusiger Termine konnte ich vieles bisher Vernachlässigte tun. Im Haus räumte ich aus und um und beseitigte Überflüssiges. Plötzlich hatte ich viel Zeit zum Nachdenken und zum Schreiben.

Nichtsdestoweniger warten wir alle auf eine weitere schrittweise Lockerung der Einschränkungen in der Corona-Krise, die langsam einsetzt. Wir hoffen, bald unser gewohntes Leben wieder aufnehmen zu können.

Epilog

In dieser Zeit der Corona-Pandemie treten viele Forscher und Denker auf, die die Zukunft der Welt ergründen möchten. Sie fragen: Wollen wir überhaupt in unser gewohntes Leben zurückkehren? Hatten wir nicht schon vor Corona das Gefühl, dass unsere Welt an einem Punkt angekommen ist, an dem es mit den alten Rezepten nicht mehr weitergehen kann?

Nach dem Zweiten Weltkrieg haben die Menschen in den Trümmern ihrer Städte erlebt, dass in ihnen ein unglaublicher Überlebenswille wohnt. Er verlieh ihnen Flügel, die schreckliche Situation zu bewältigen und alles wiederaufzubauen. Sie hatten sich damals sehr verändert, konnten plötzlich mit Not umgehen und neue Wege finden.

So ist es auch in unserer heutigen Zeit. Die Menschen müssen mit Lockdowns, Abstandsregeln und Masken jeden Tag aufs Neue leben, und die meisten von ihnen haben sich an die veränderten Umstände, wenn auch nicht immer klaglos, gewöhnt. Wir werden noch eine Zeit, zumindest bis zu einer flächendeckenden Impfung, in diesem Ausnahmezustand leben müssen.

Nach dieser Zeit werden sich viele Fragen auftun: Wird unsere Welt nach Corona eine andere sein? Aber wie wird sie beschaffen sein? Wird es eine bessere als die heutige sein? Oder werden wir schnell wieder in die gewohnte Lebensweise zurückkehren? Oder wird die Entwicklung eher zum Schlechteren hin gehen? Fragen über Fragen!

In diesem Zusammenhang wurde ich von Ilse auf das Gedicht „Was mich bewegt" von Rainer Maria Rilke aufmerksam gemacht. In der letzten Strophe nennt der Dichter eine Lösungsmöglichkeit, die mir gut gefällt:

> Es handelt sich darum, alles zu leben.
> Wenn man die Fragen lebt,
> lebt man vielleicht allmählich,
> ohne es zu merken,
> eines fremden Tages
> in die Antwort hinein.

Lebenslauf

Geboren am 19.12.1939 in Oppeln/Oberschlesien

Aufgewachsen in Kerpen/Oberschlesien, Barbis/Harz und seit 1949 in Köln

Studium der Erziehungswissenschaften

Tätigkeit als Grundschullehrerin

Heirat und Geburt von drei Kindern